Grande lecture
Edition

Vous trouverez dans ce livre plus de 150 designs de chiens afin de vous inspirer pour votre futur tatouage.

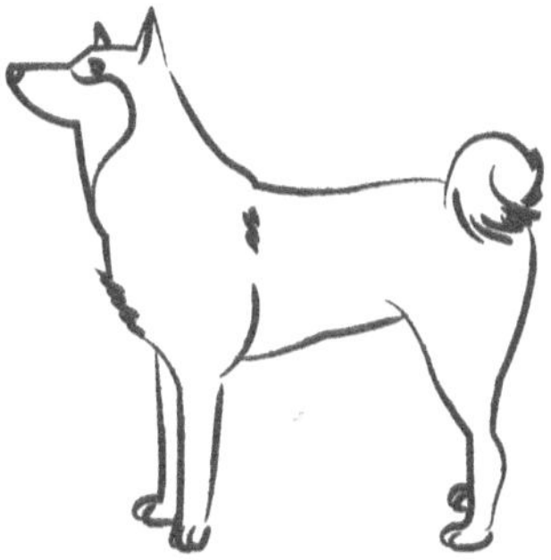

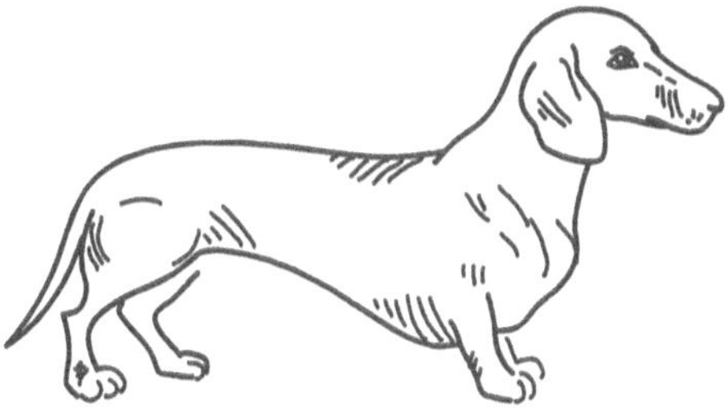

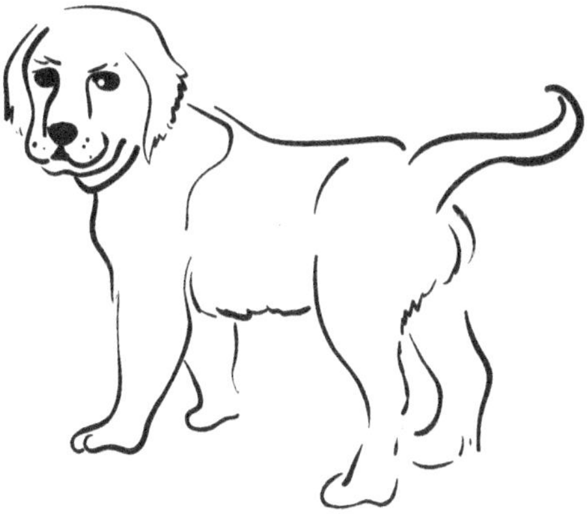

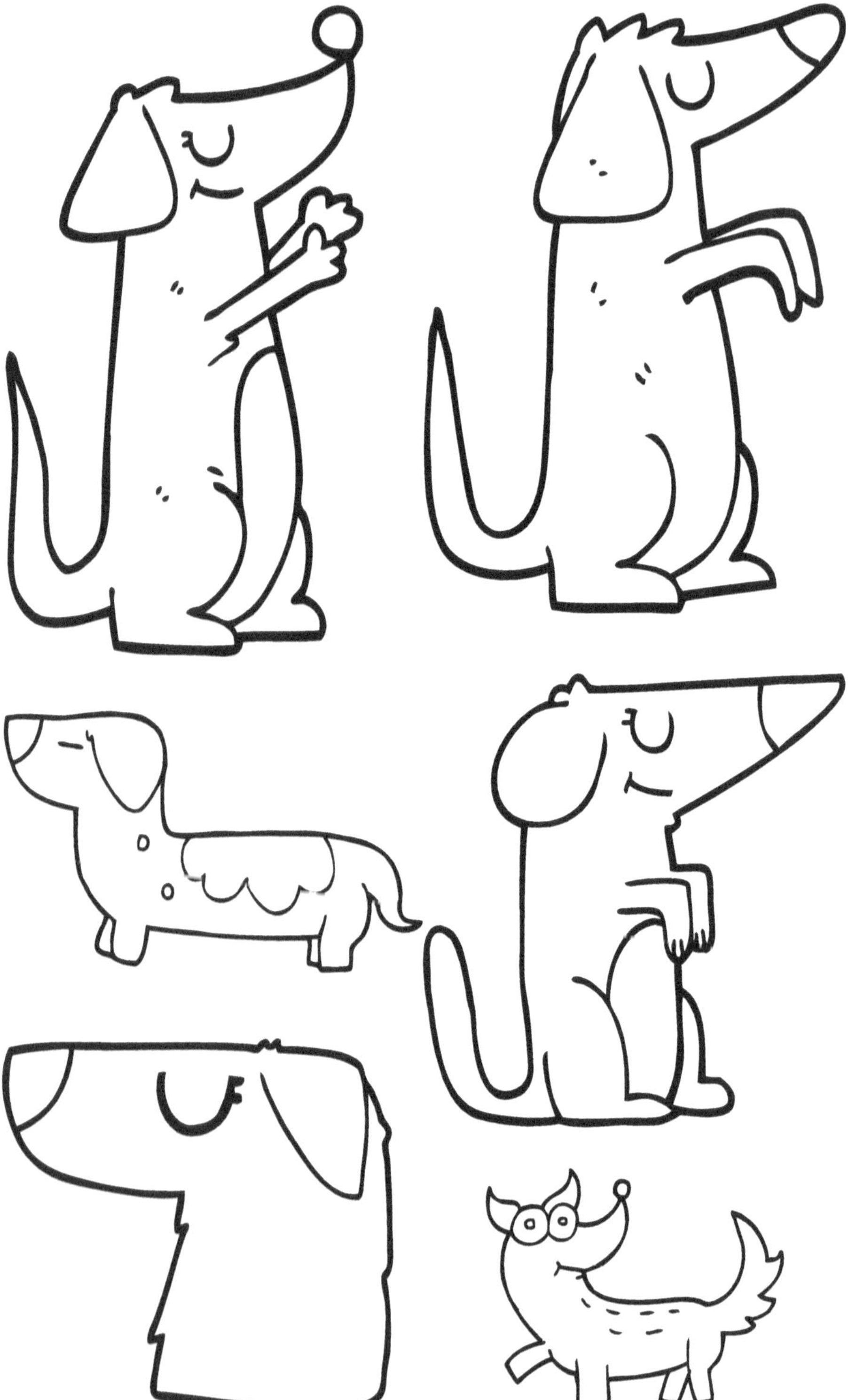

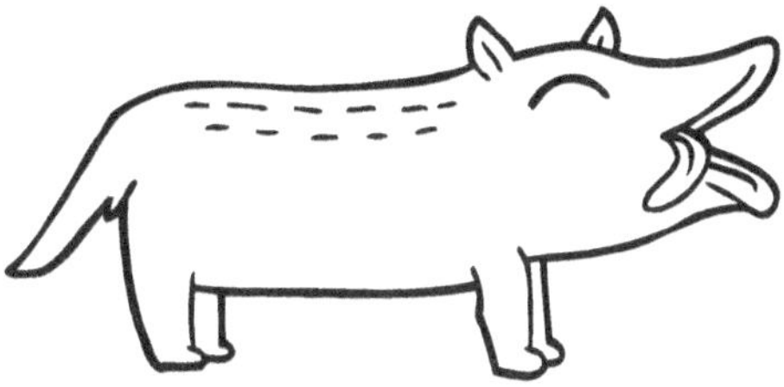

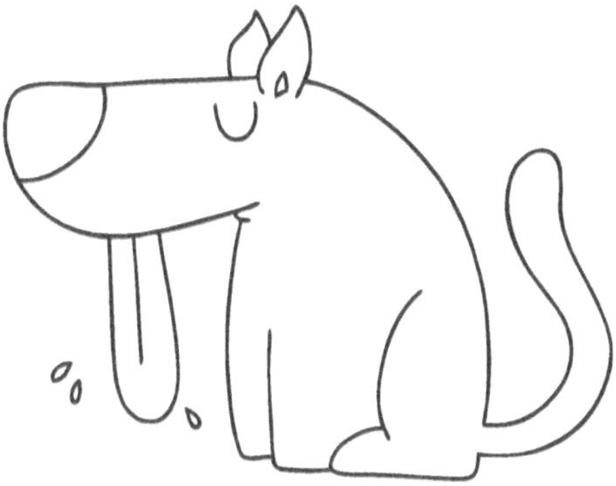

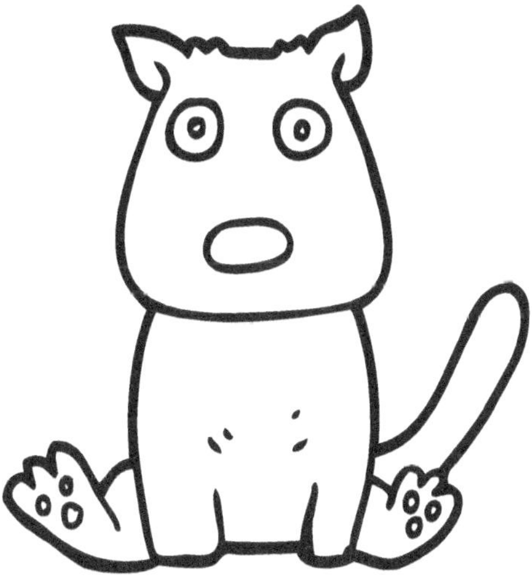

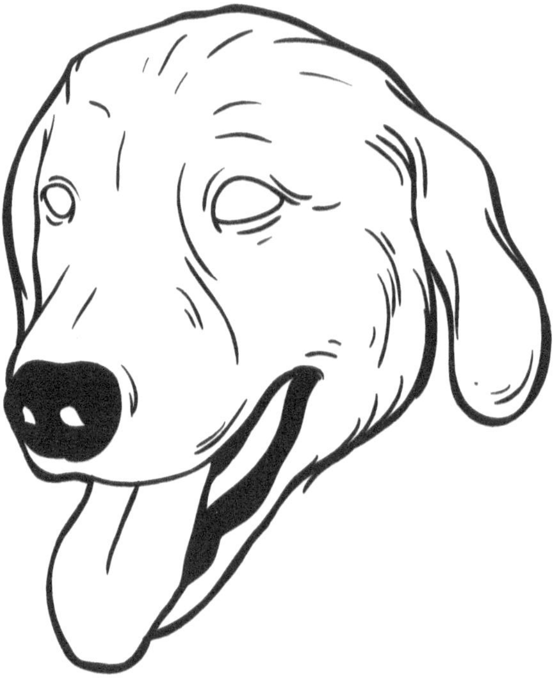

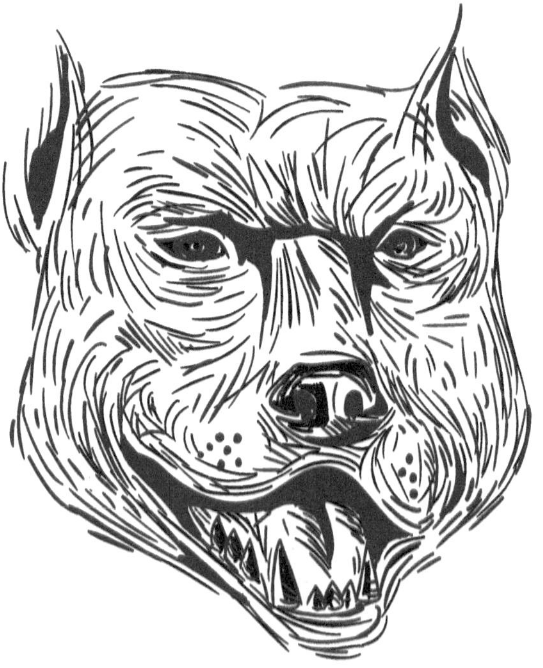

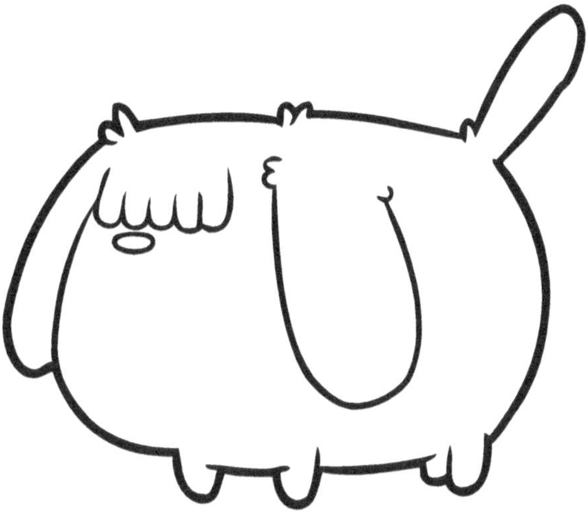

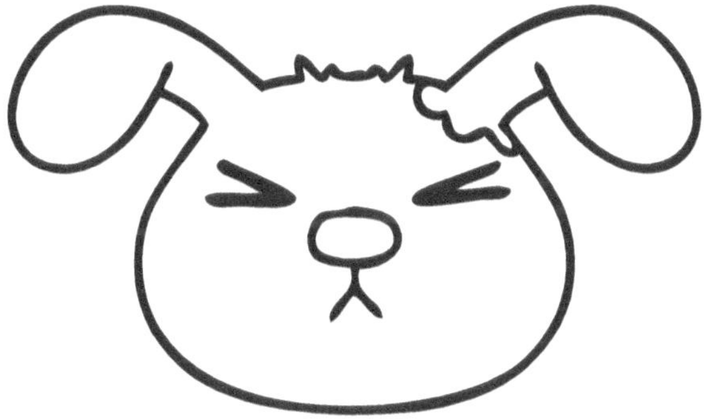

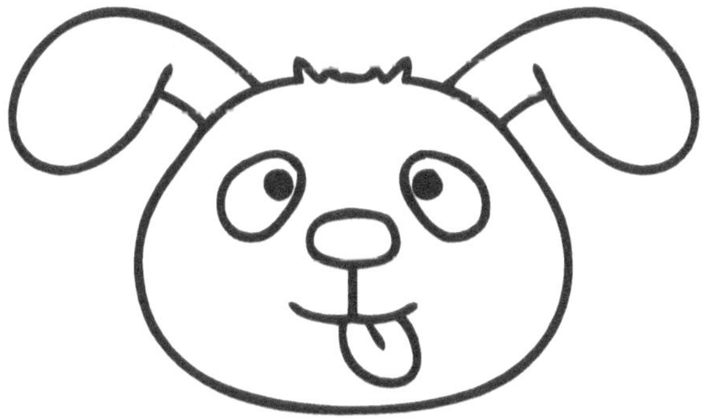

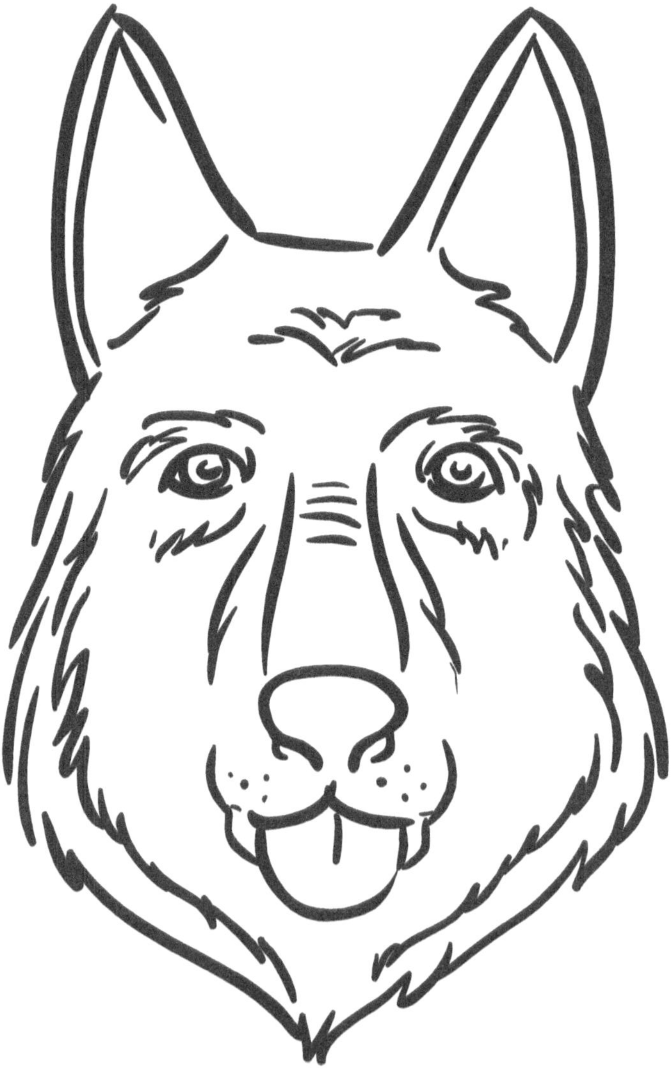

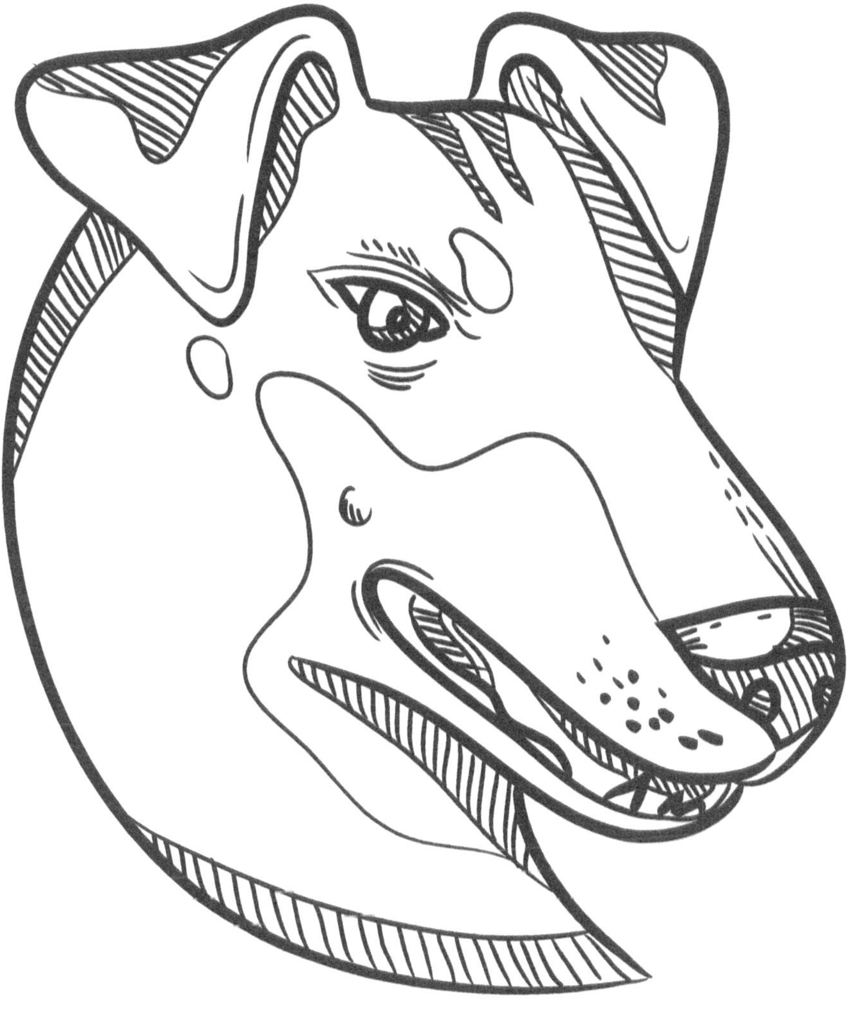

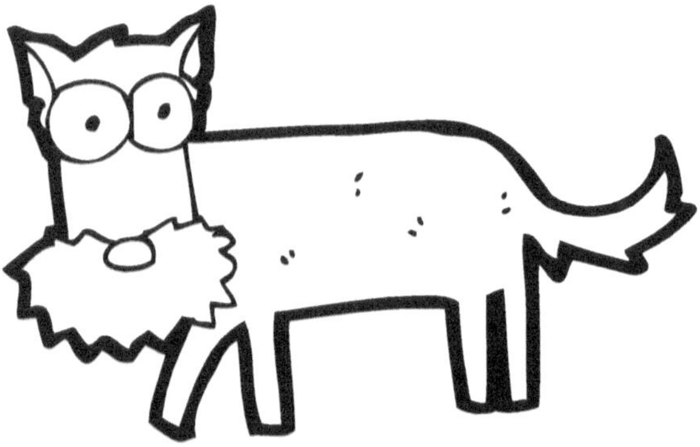
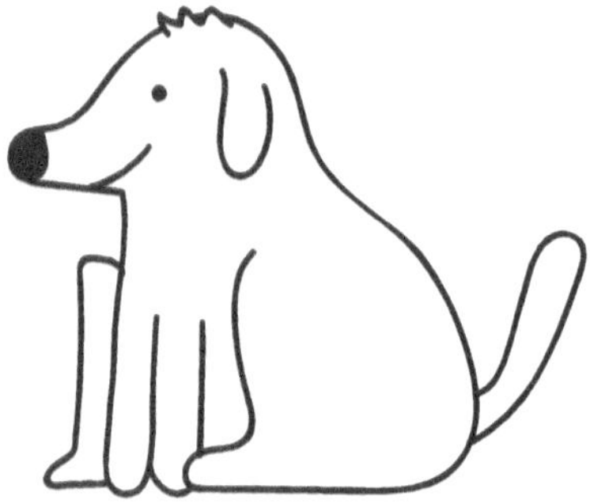
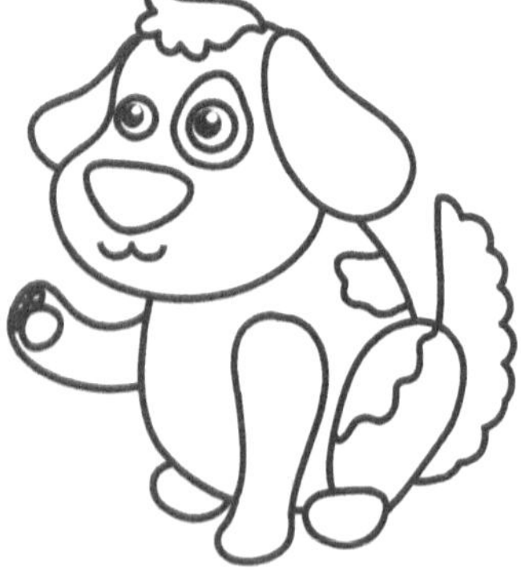

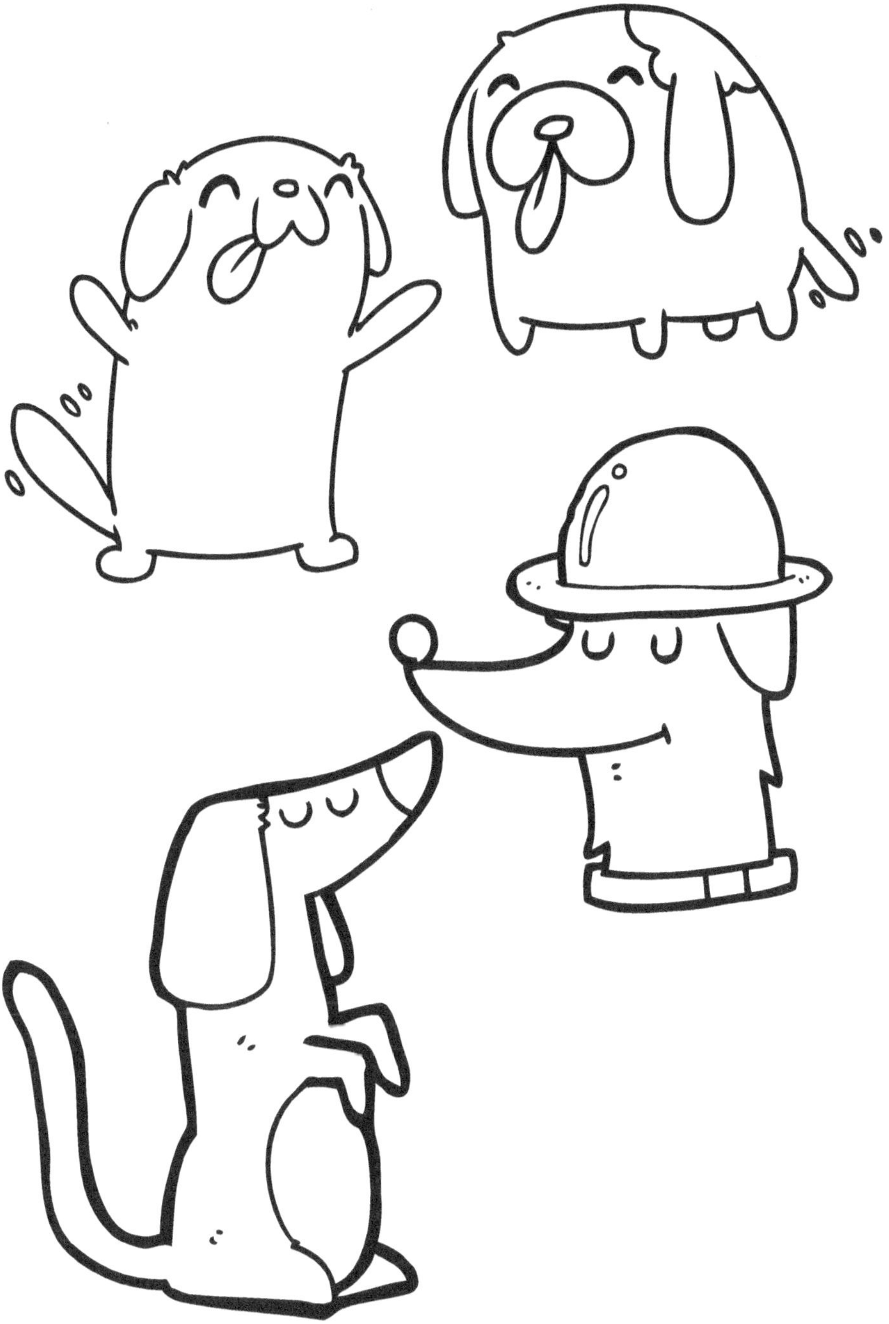

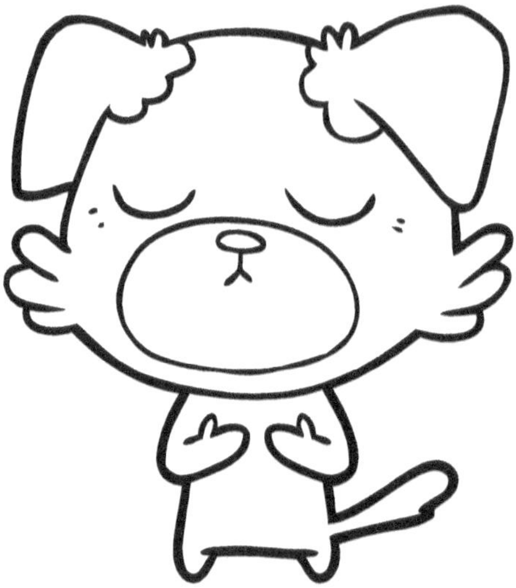

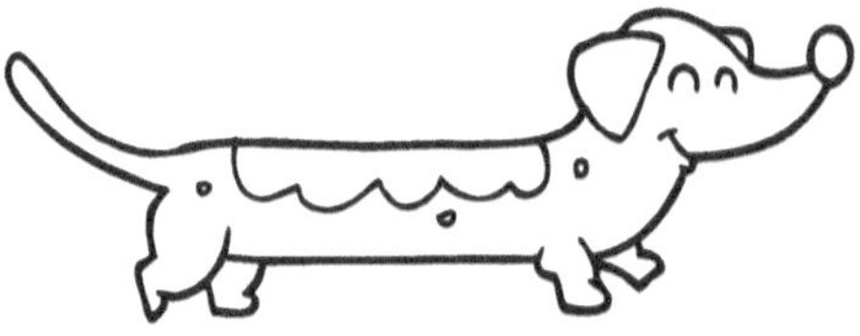

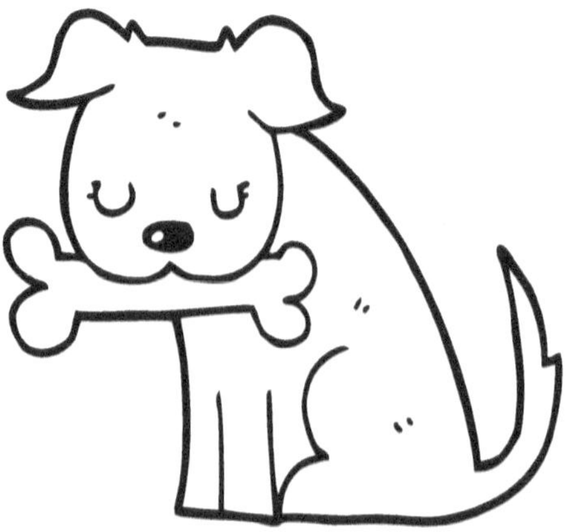

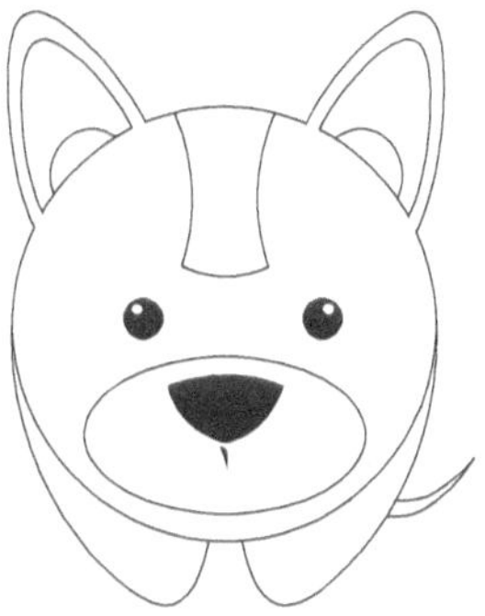
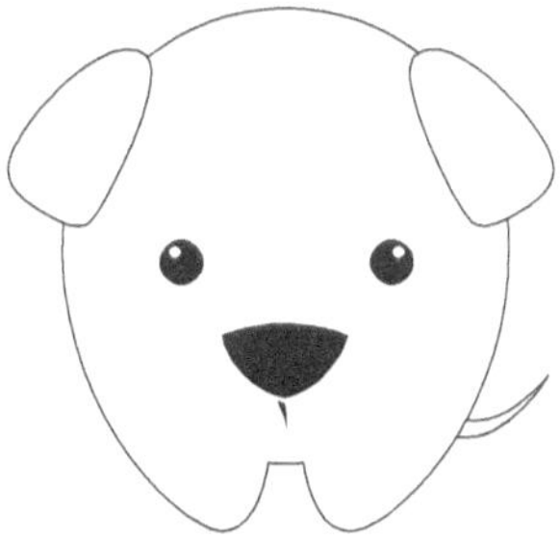
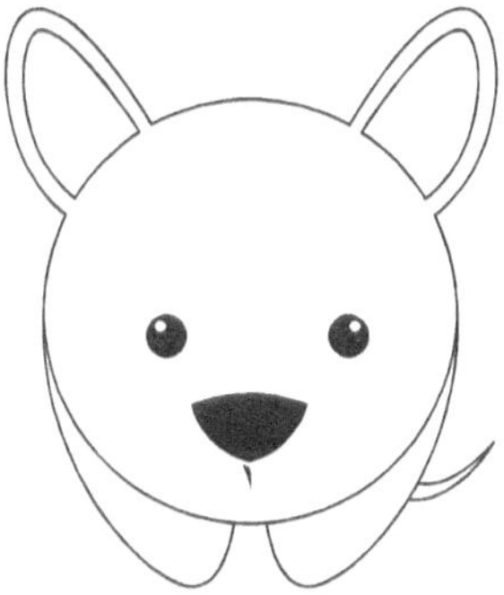
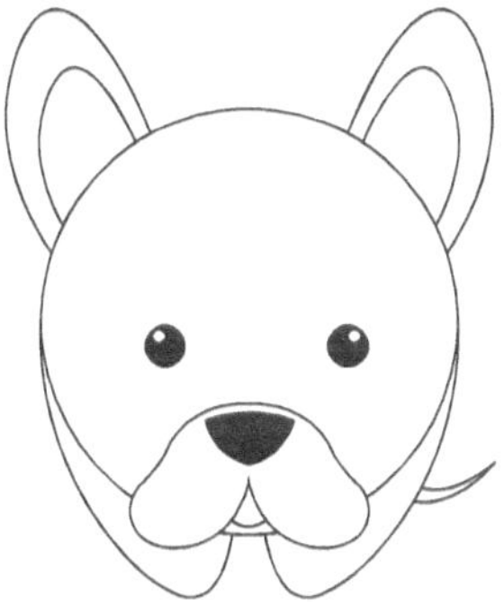
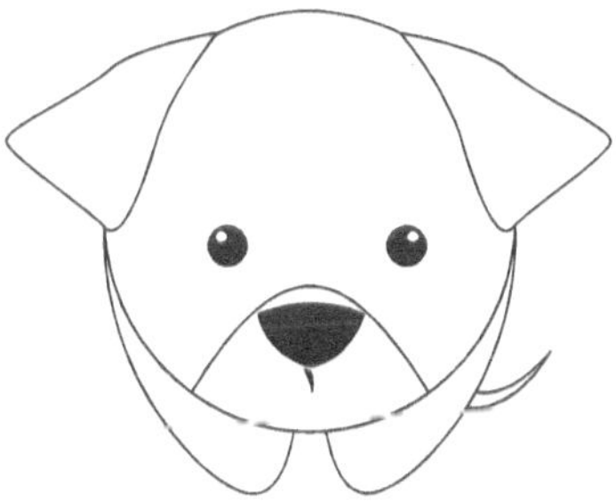
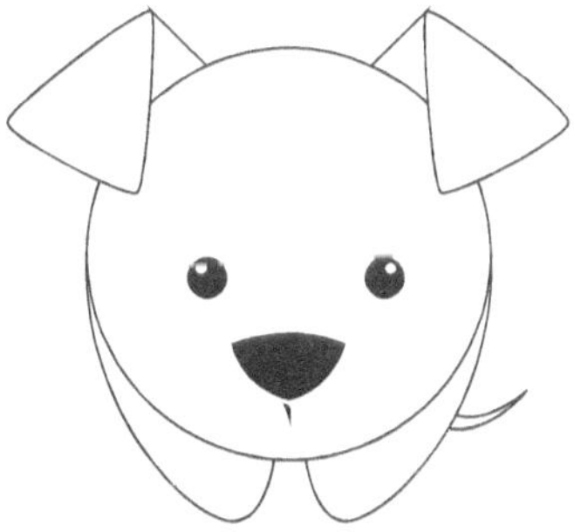

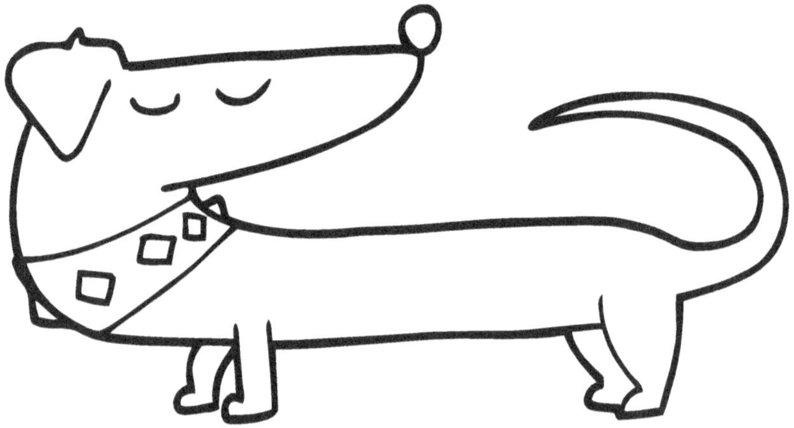

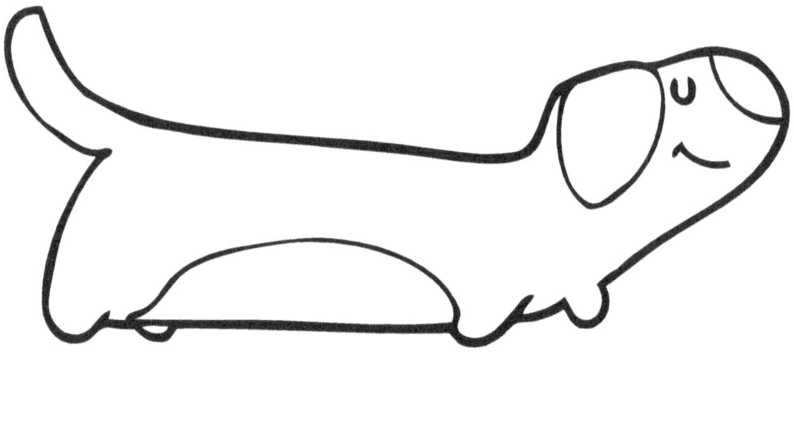

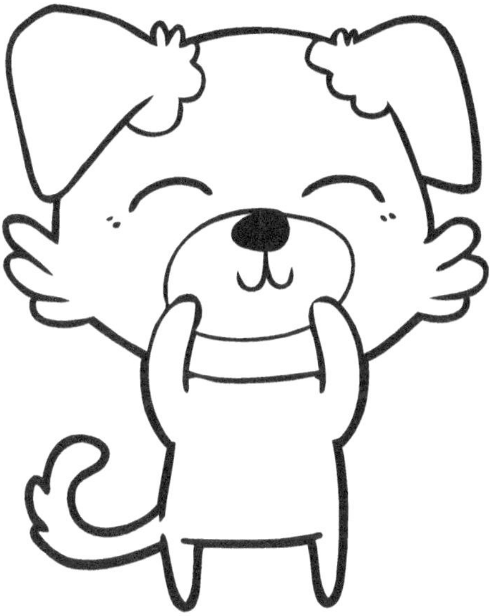

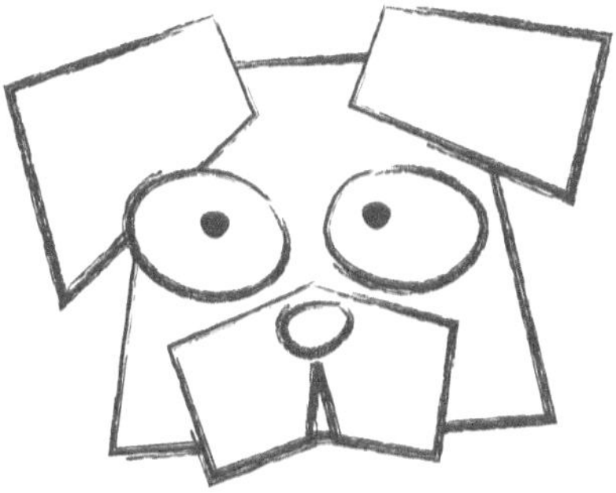

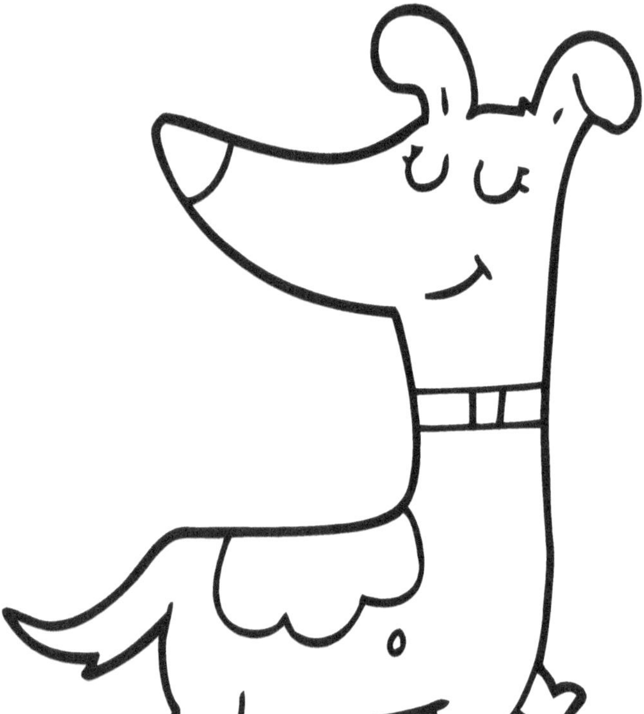

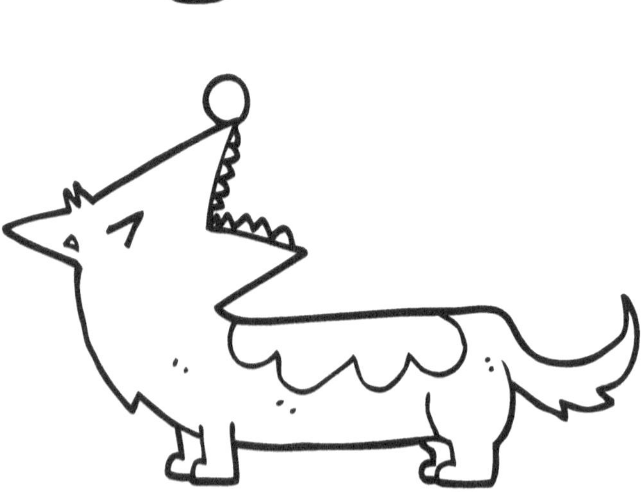

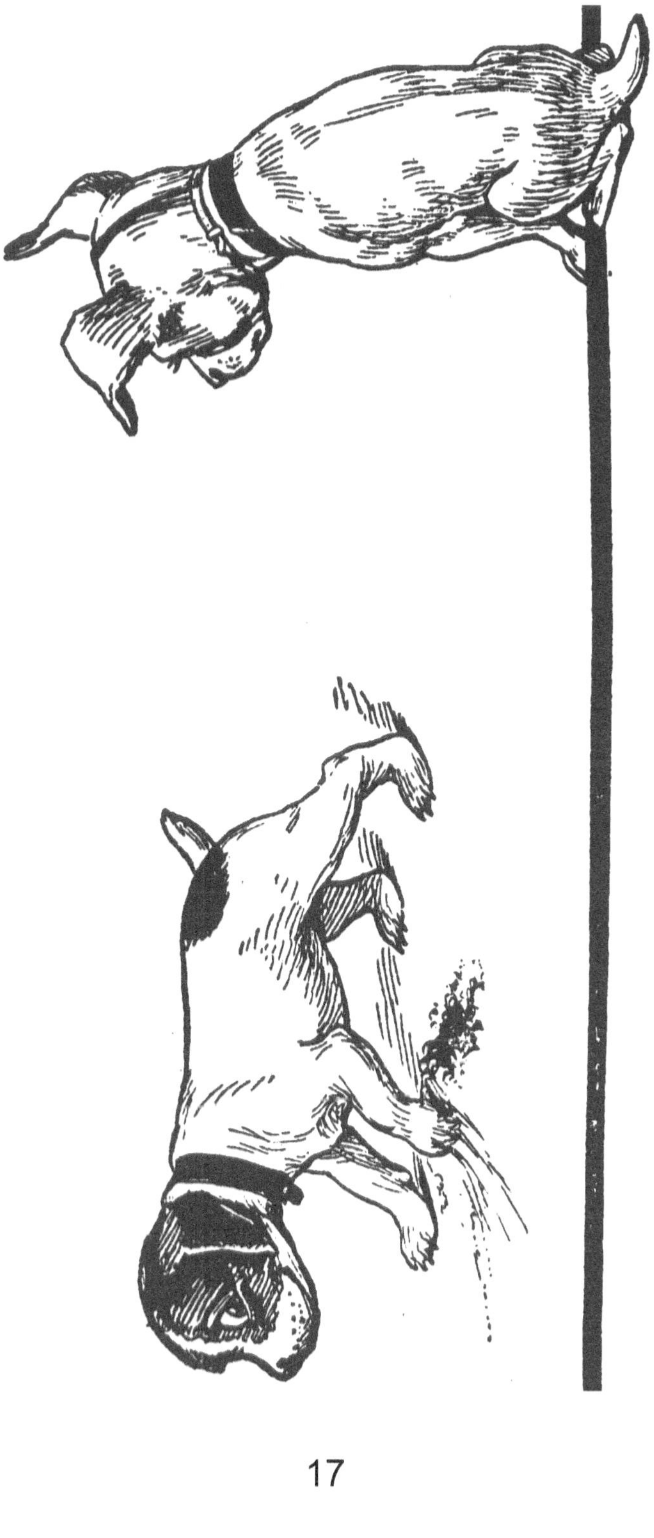

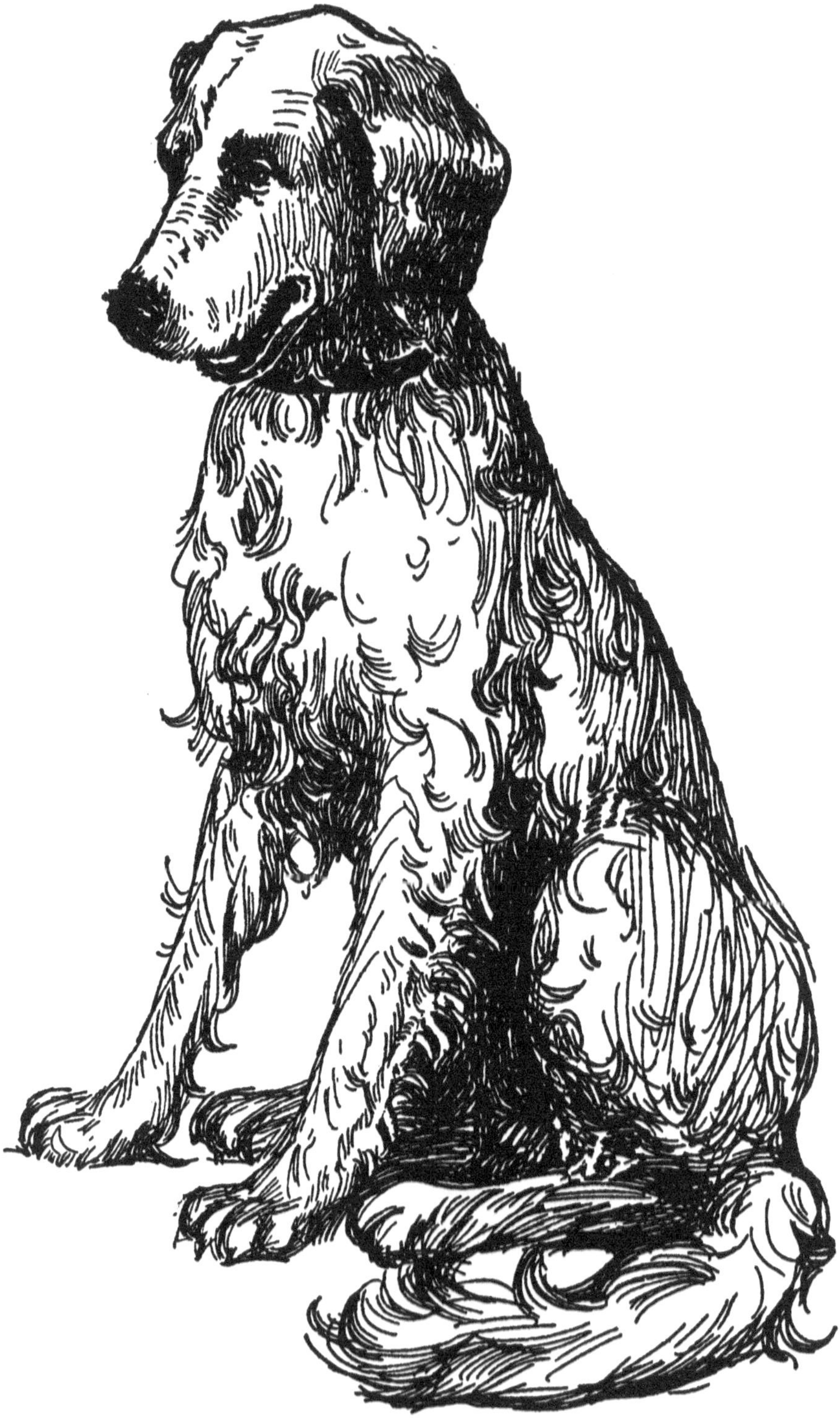

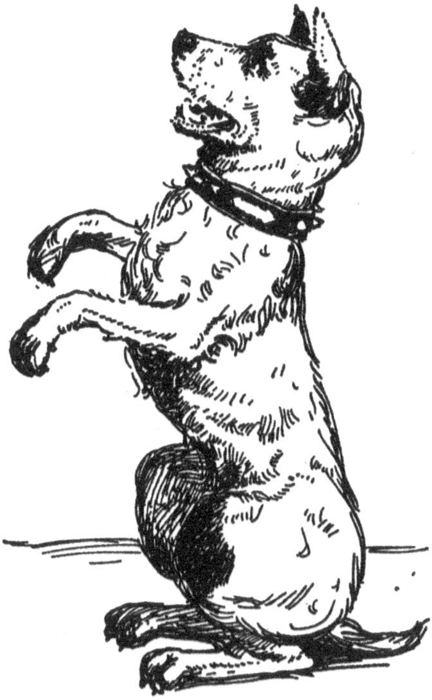

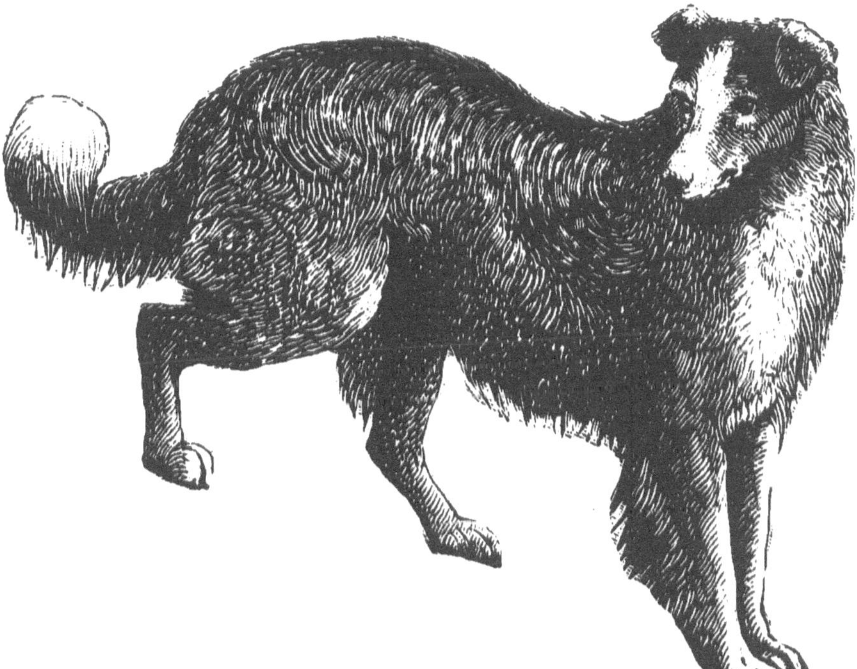

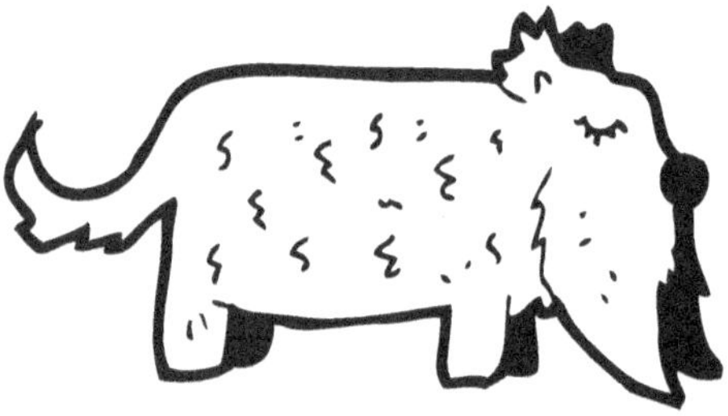

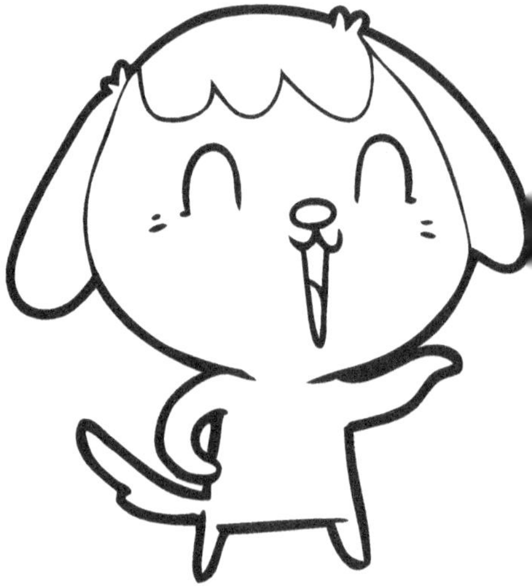

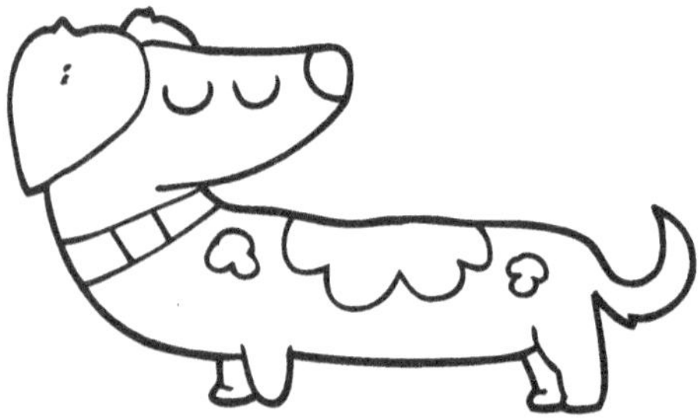

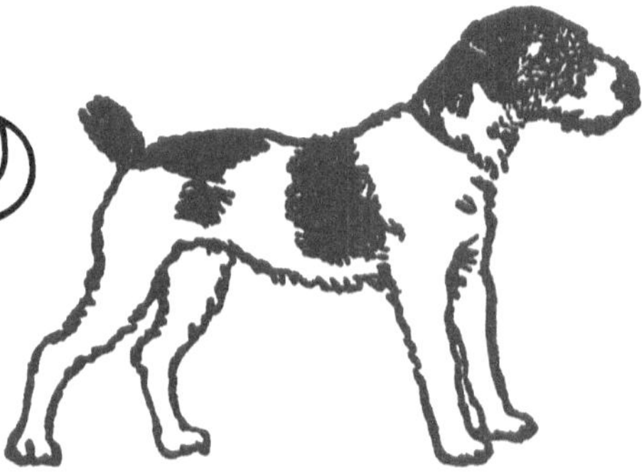

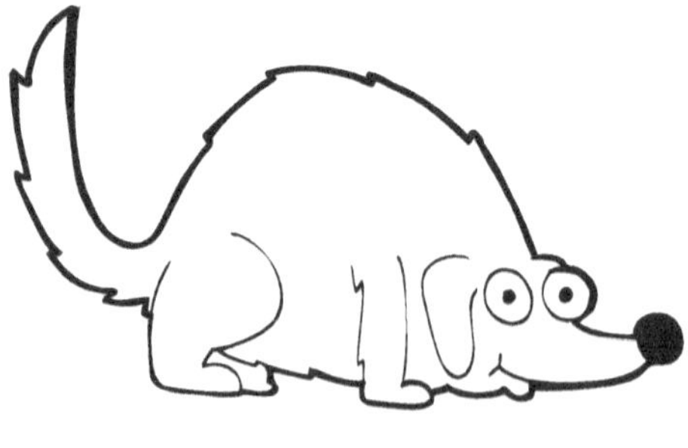

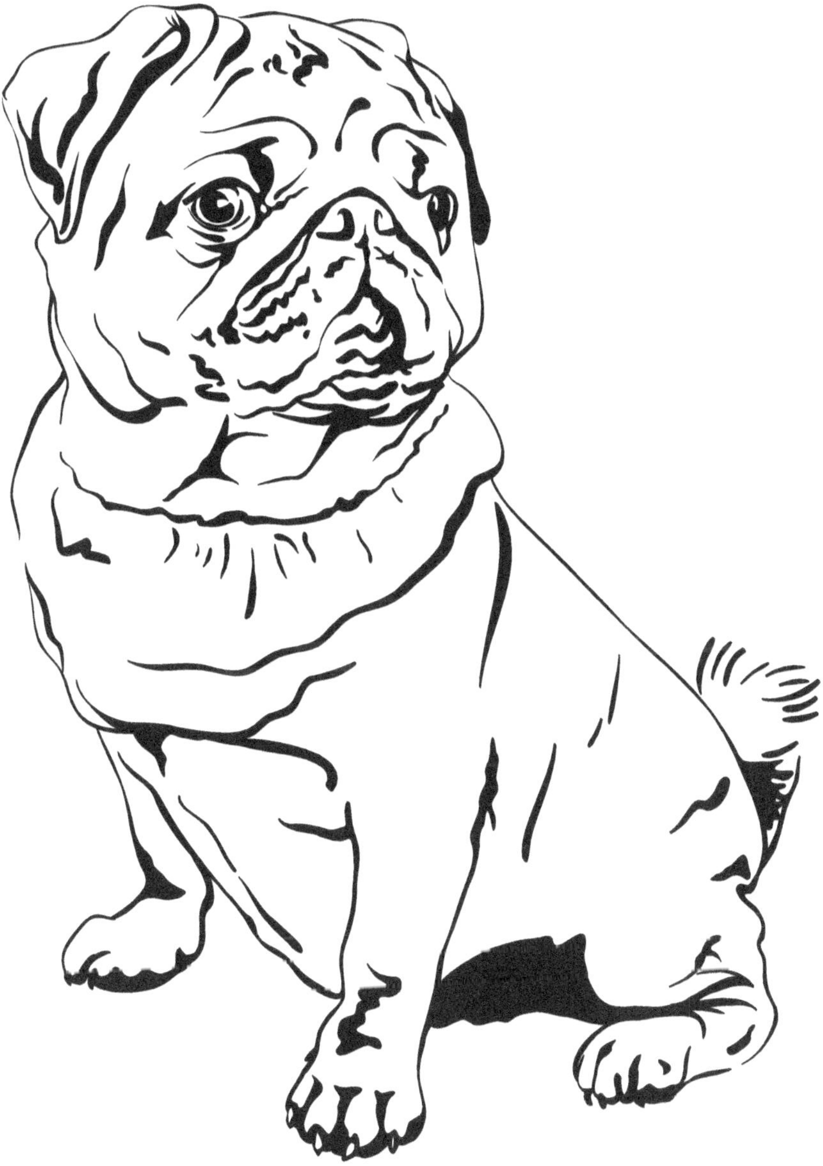

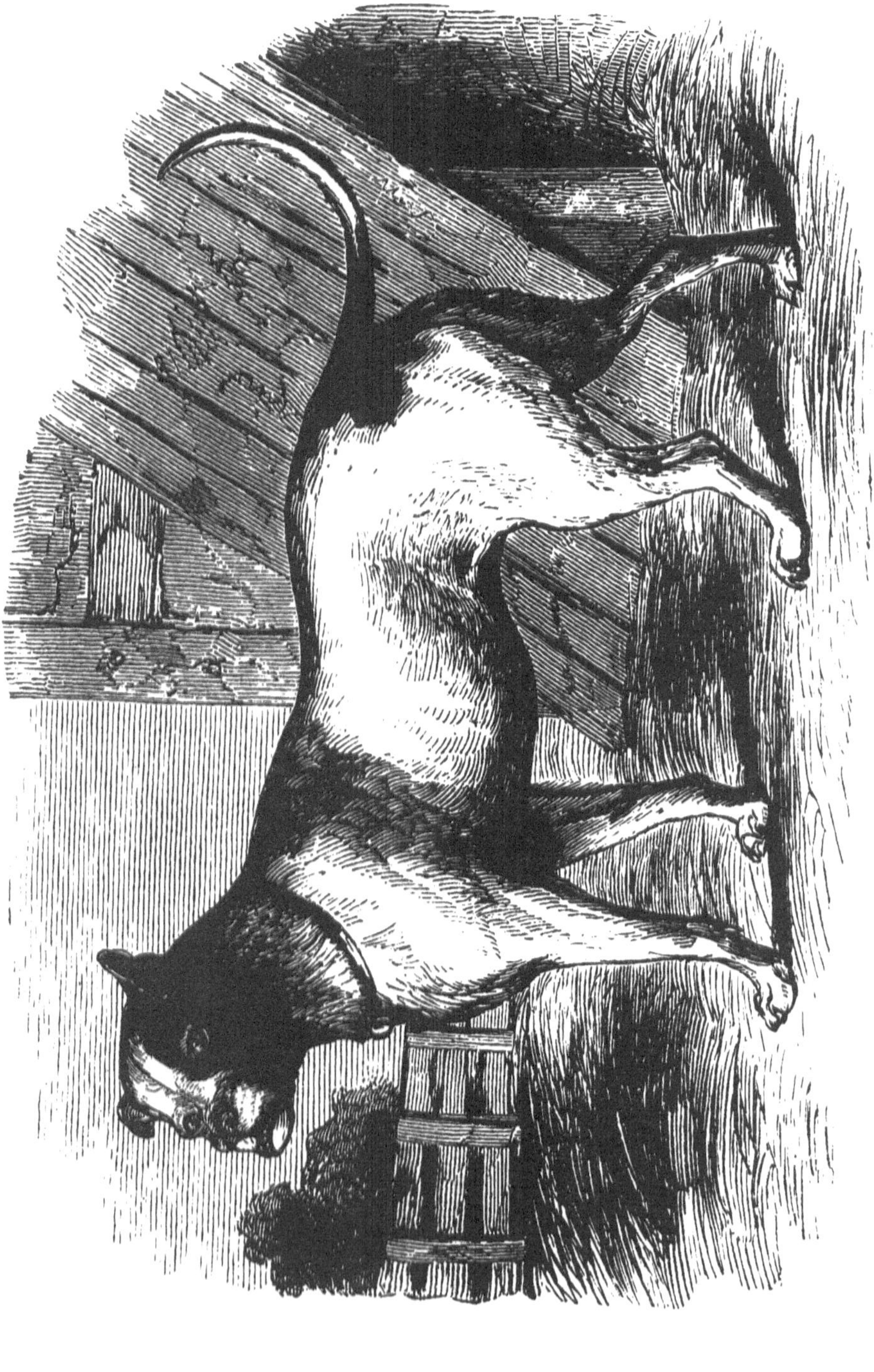

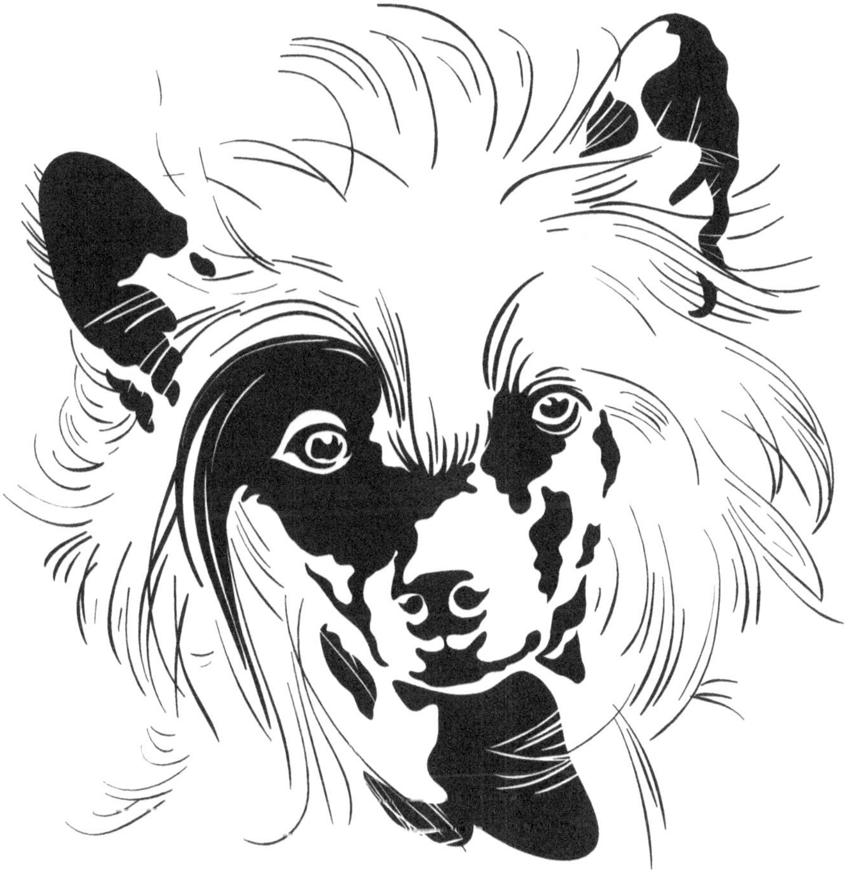

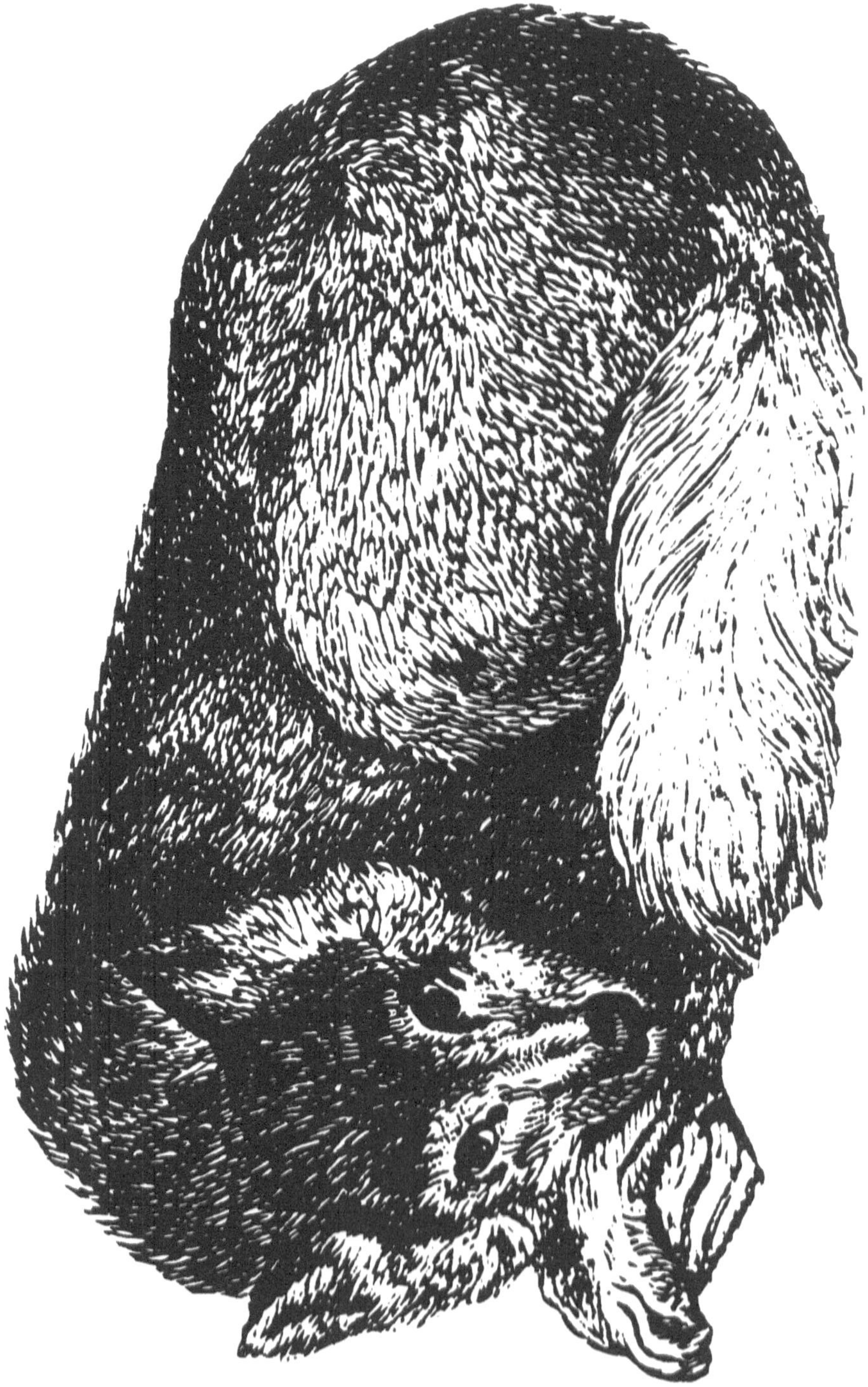

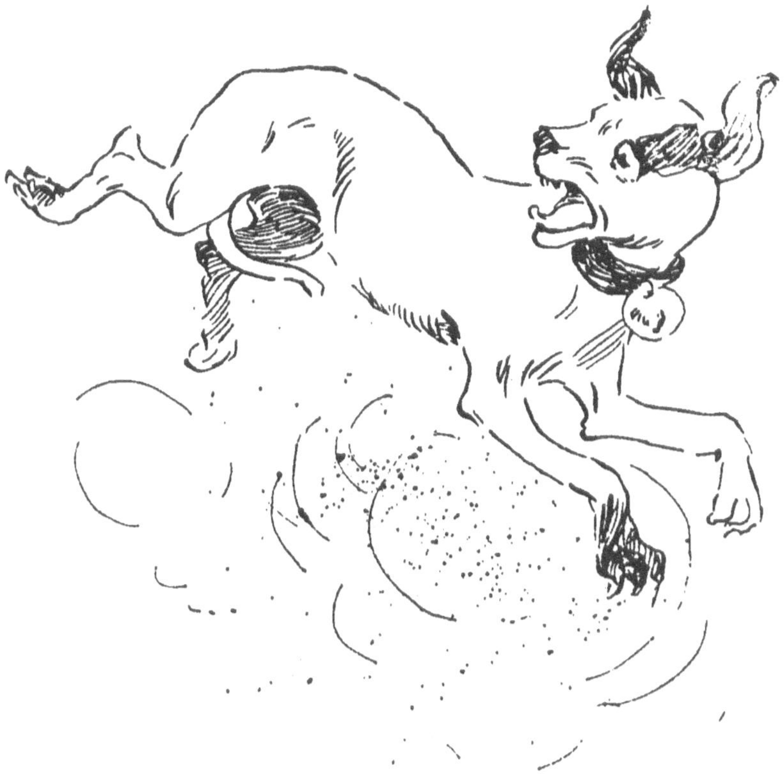

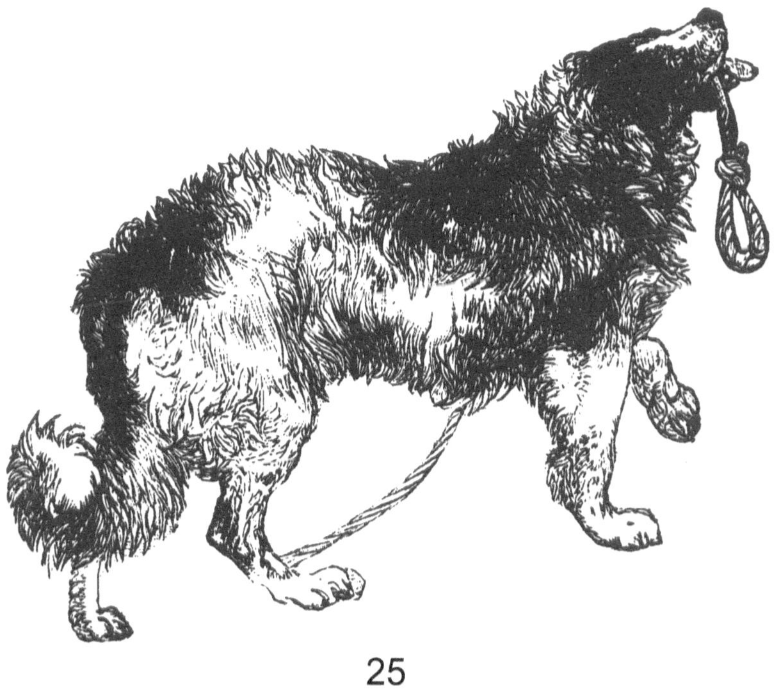

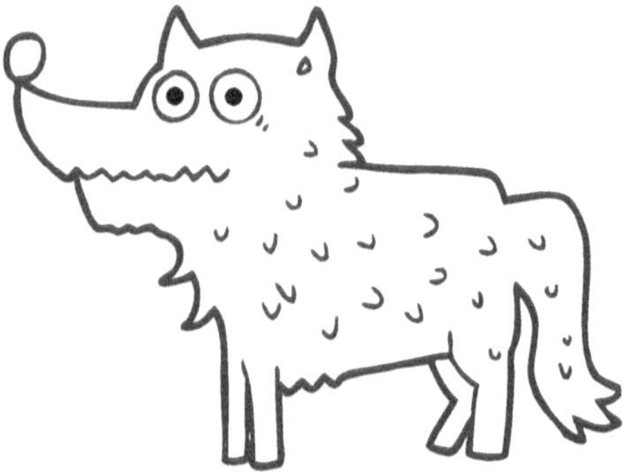

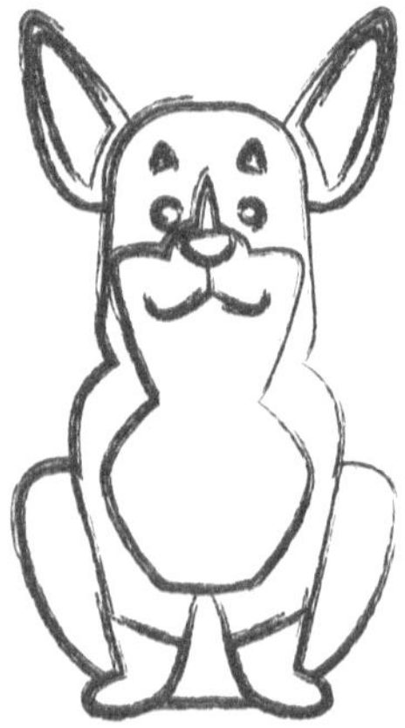

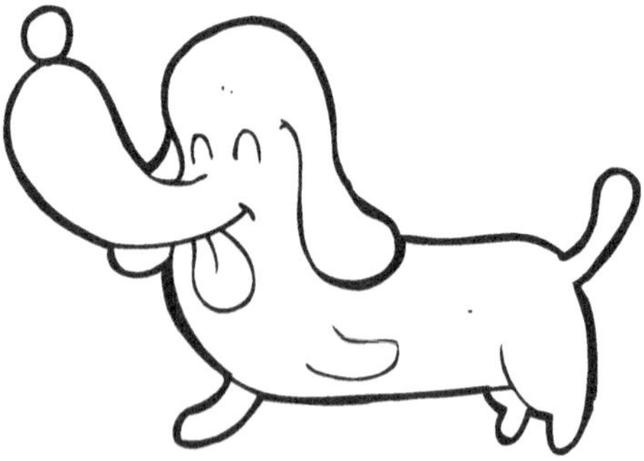

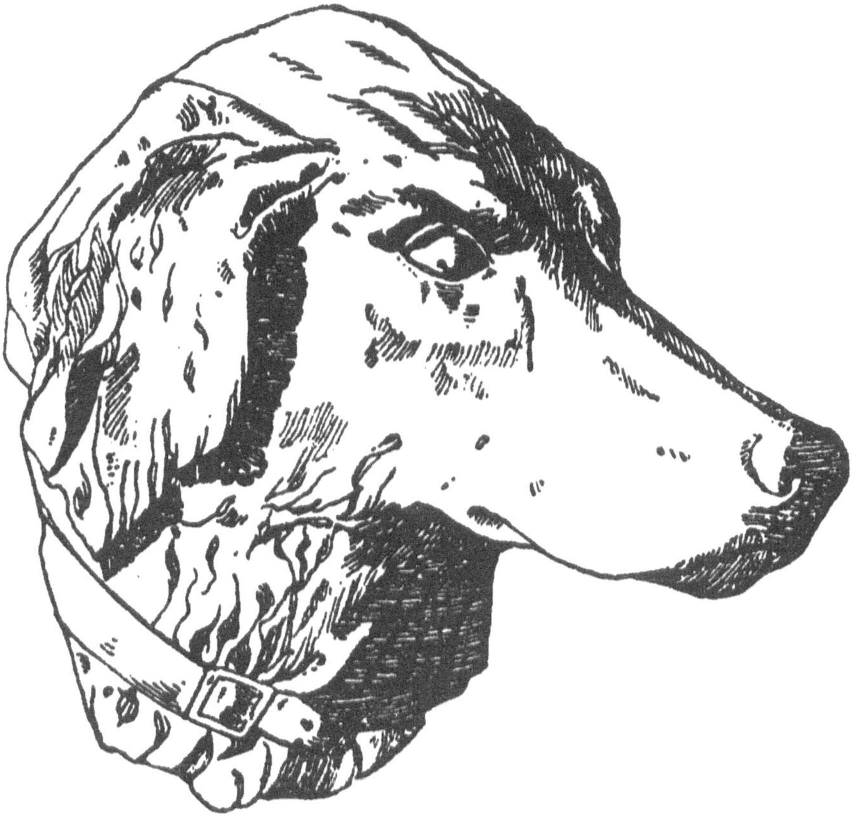

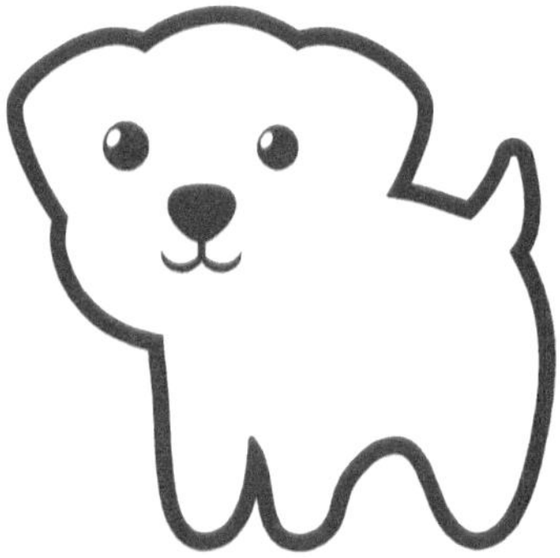

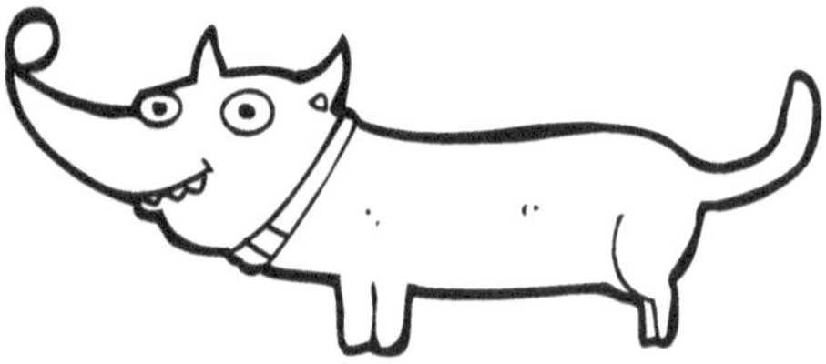

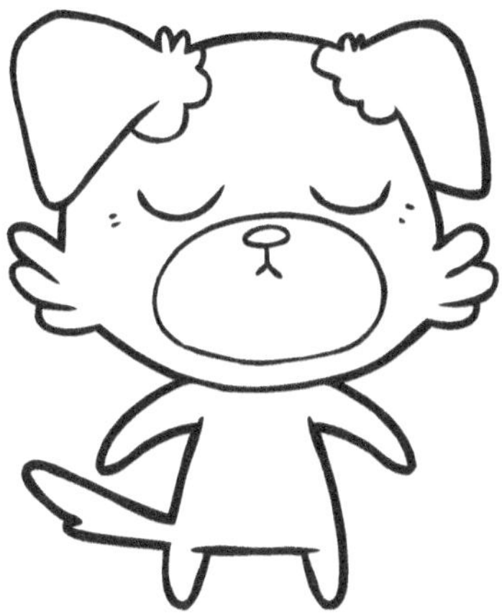

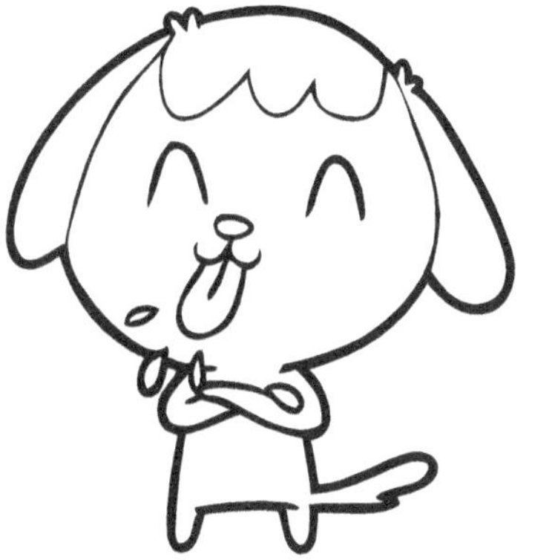

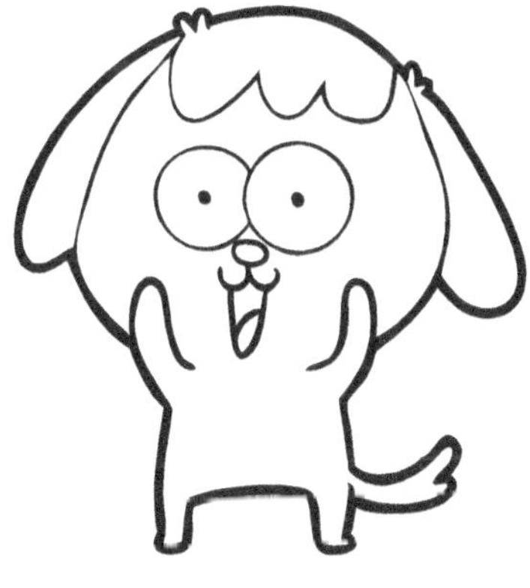

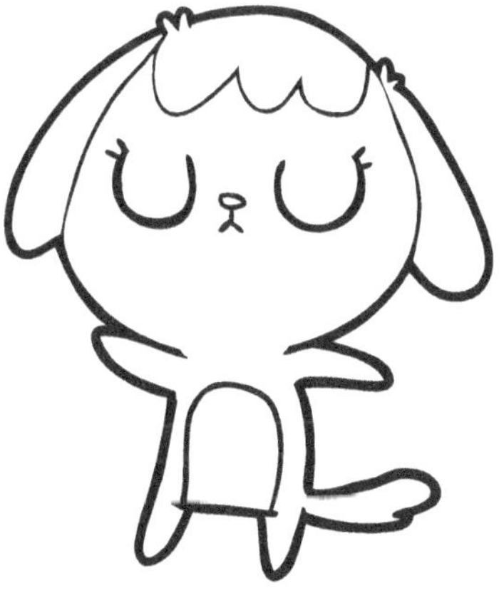

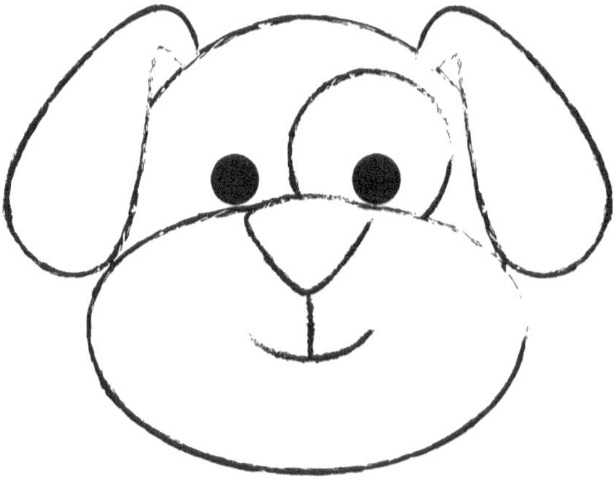

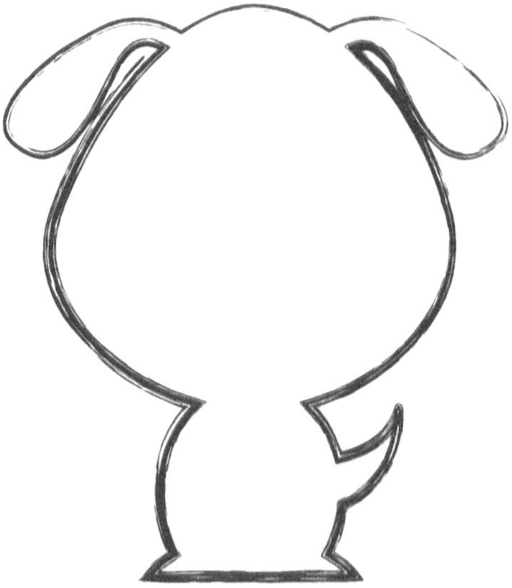

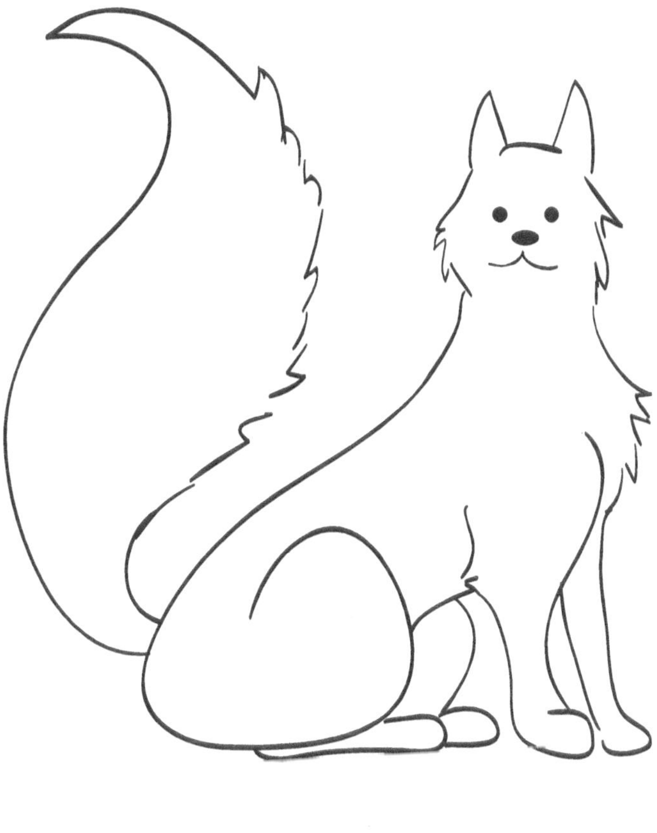

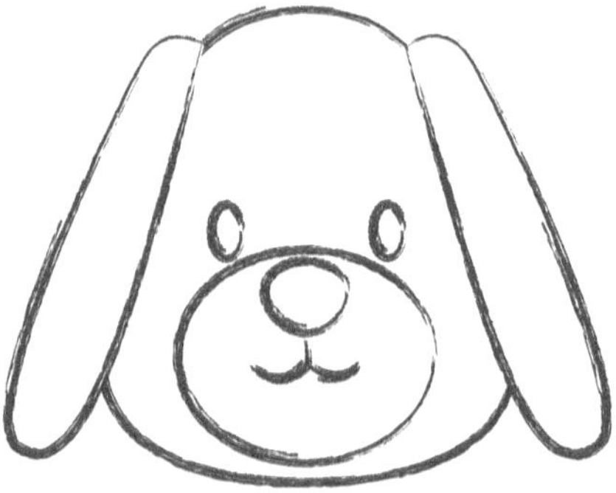
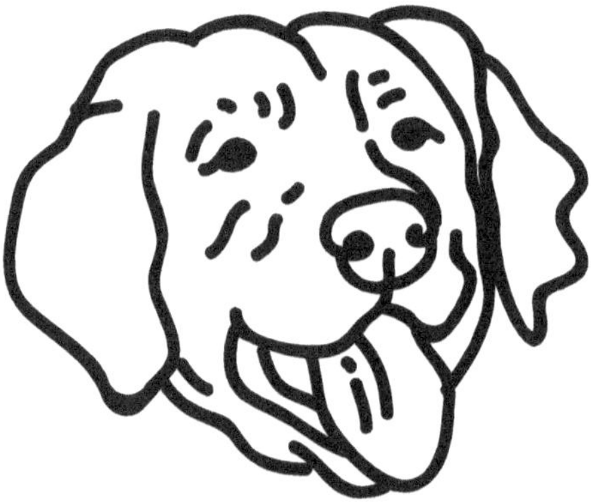
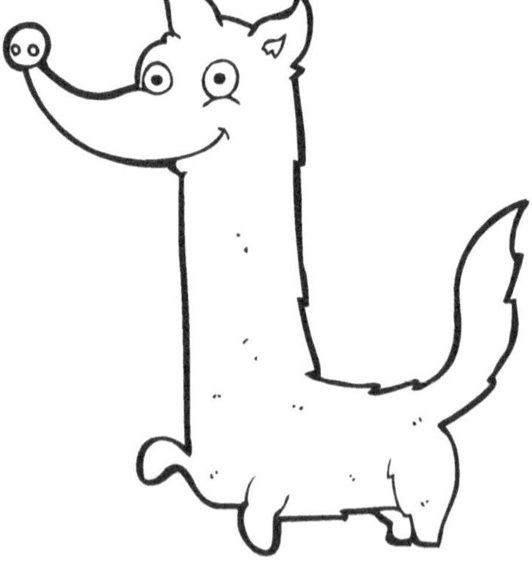

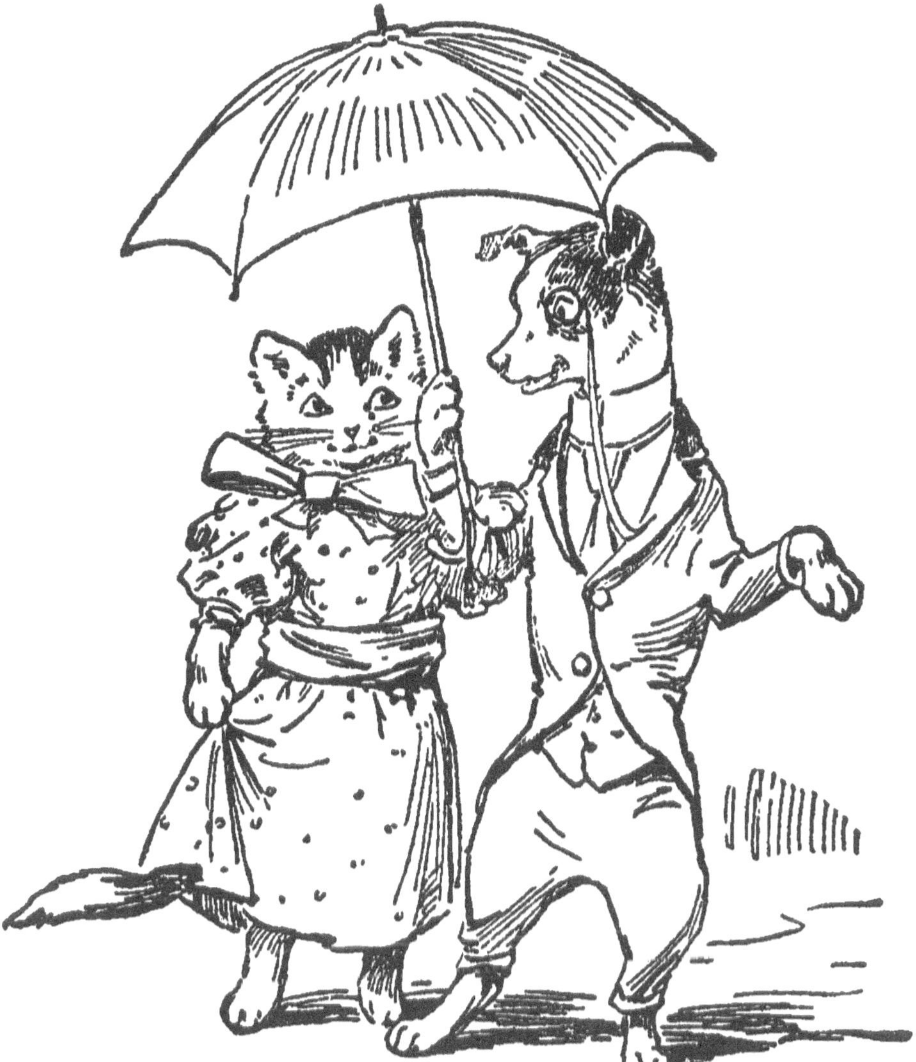

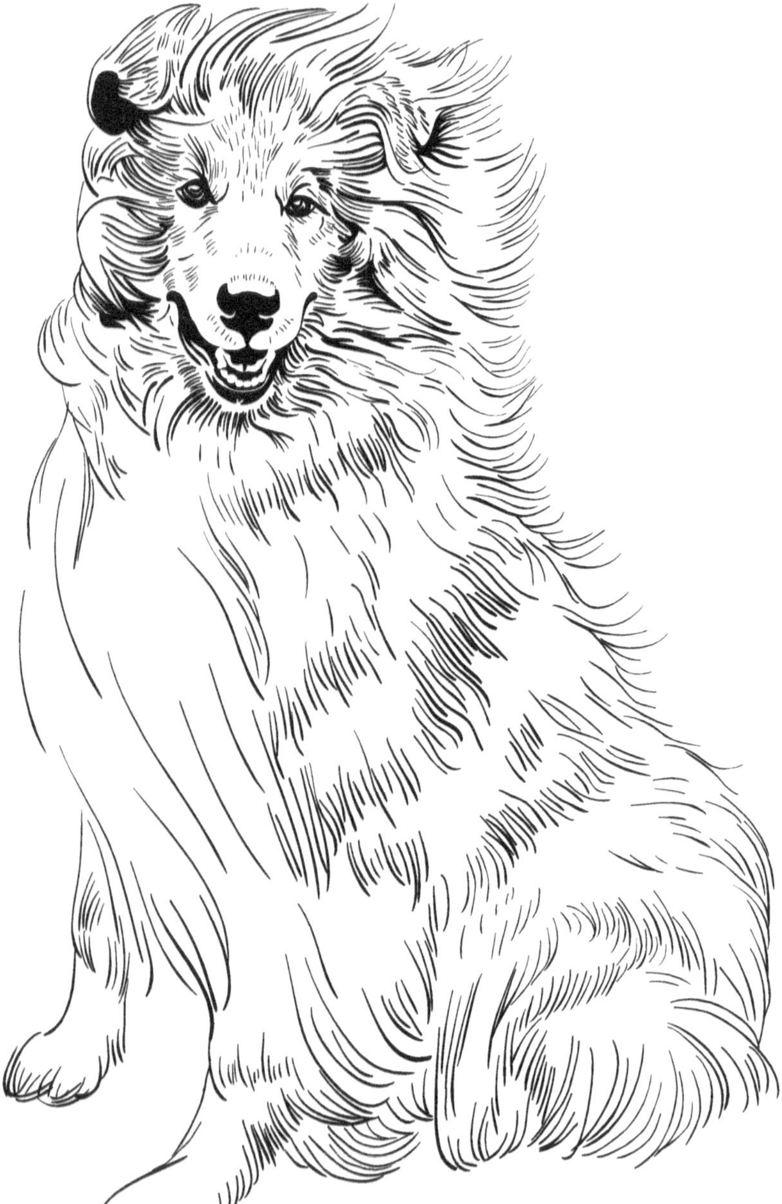

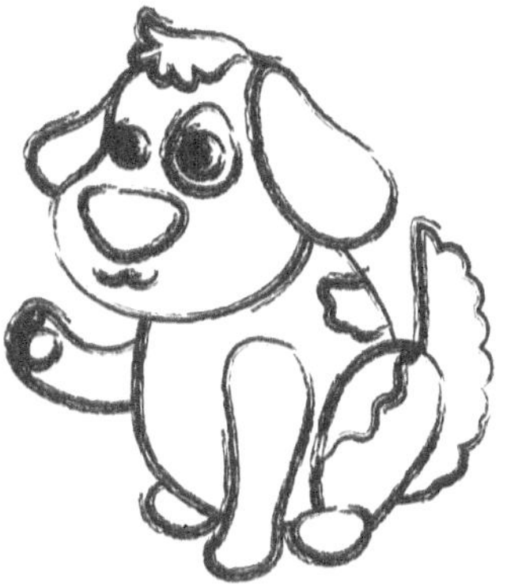

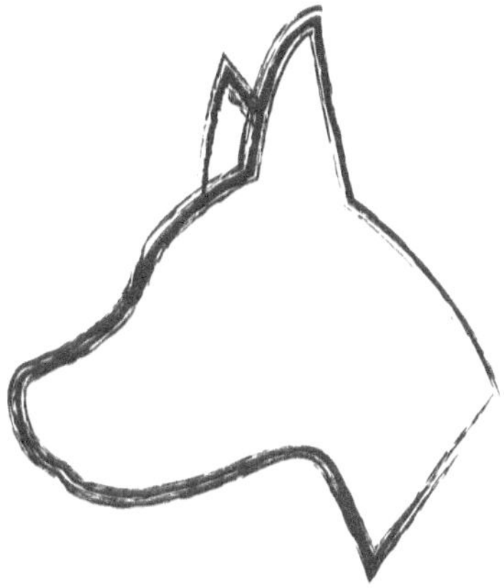

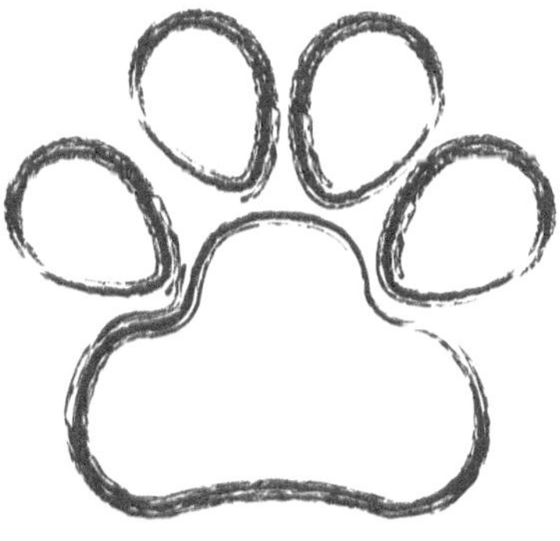

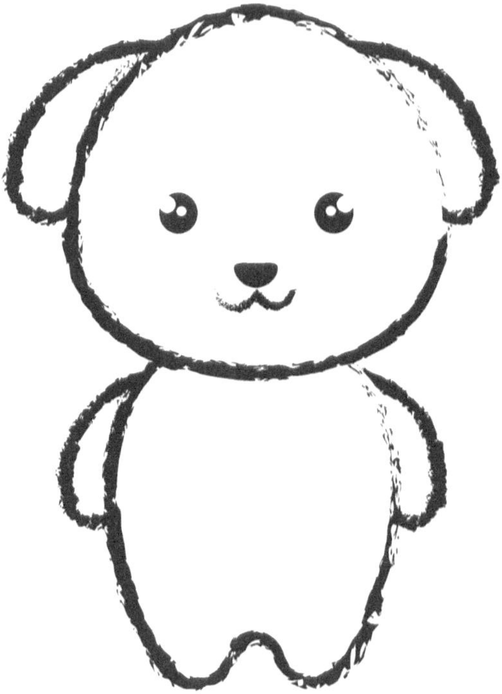

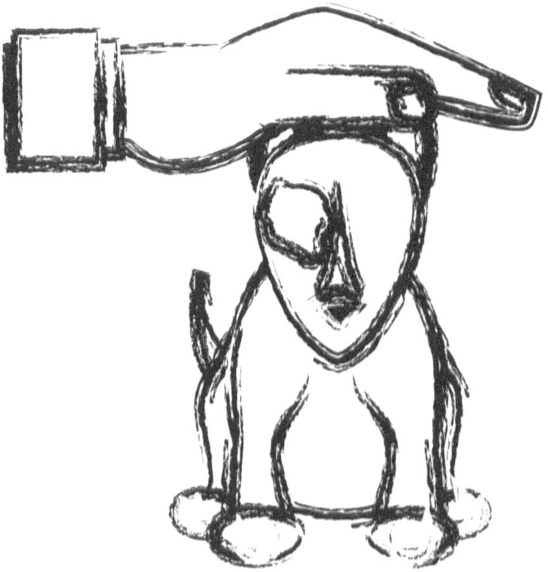

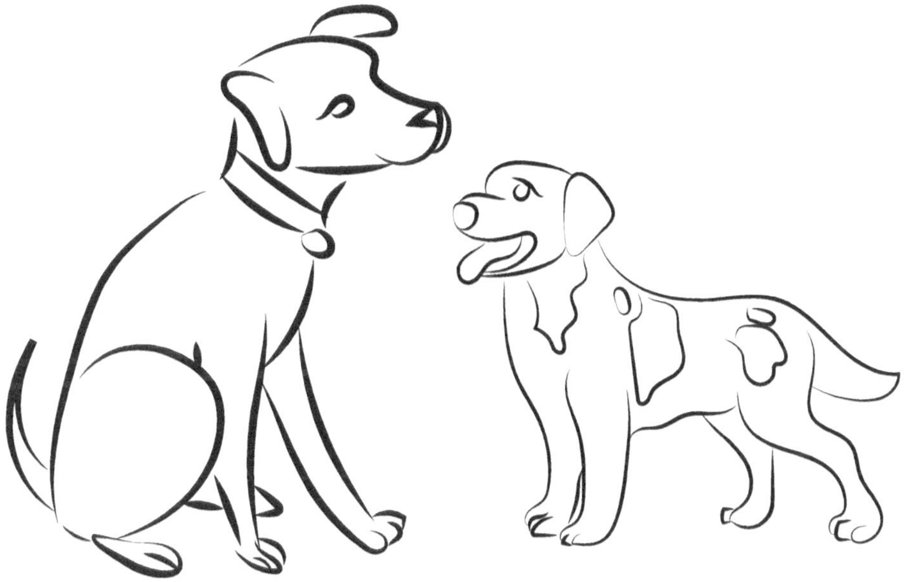

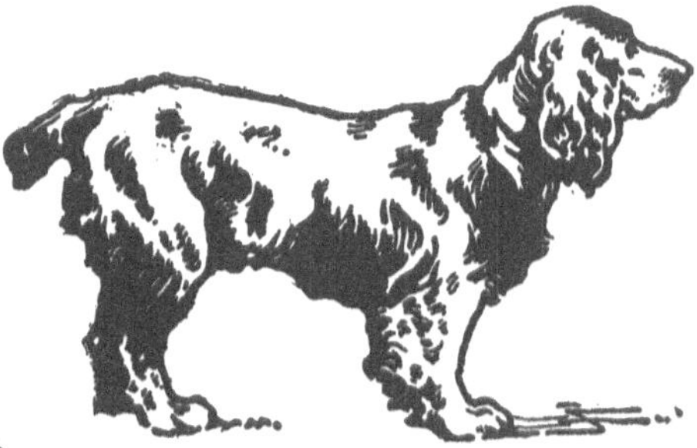

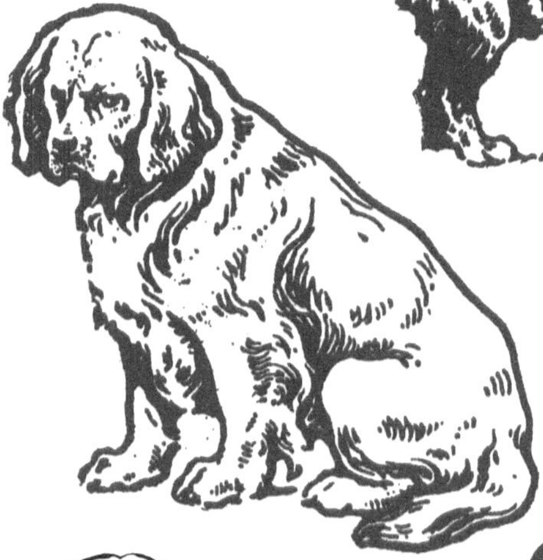

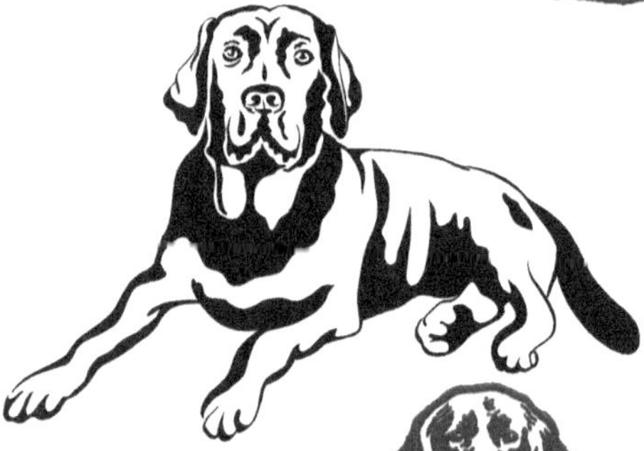

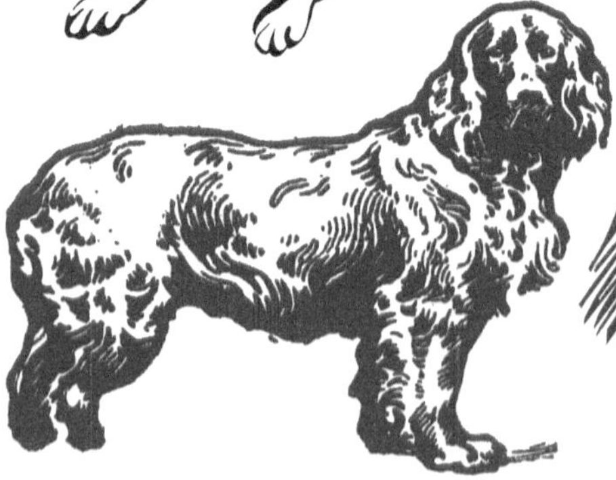

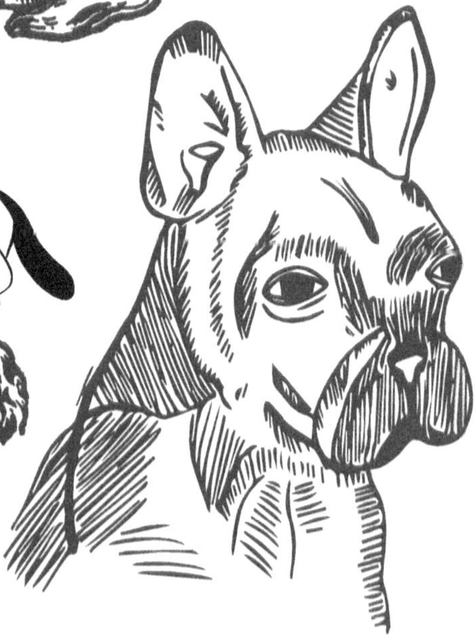

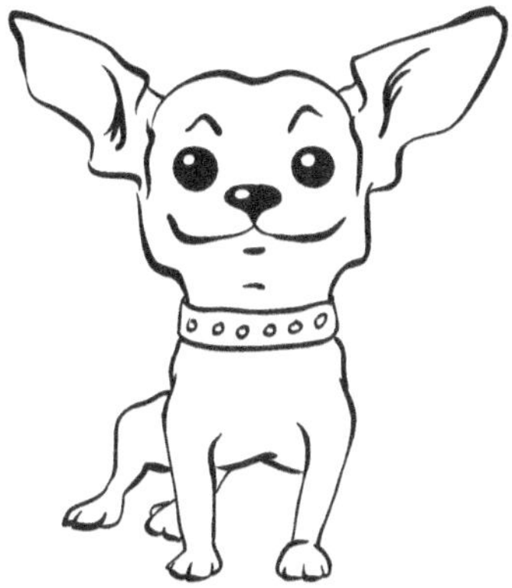

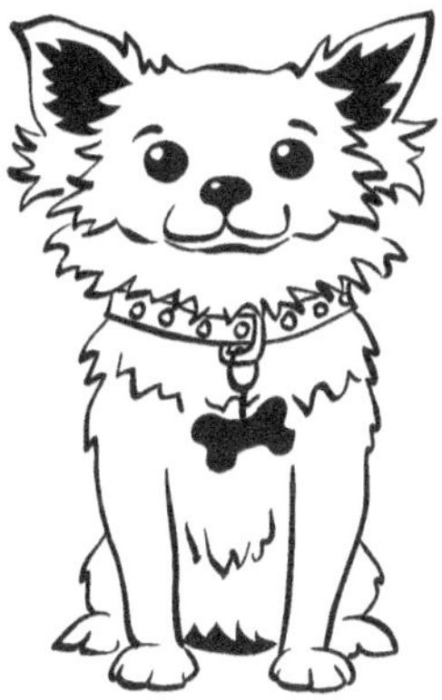

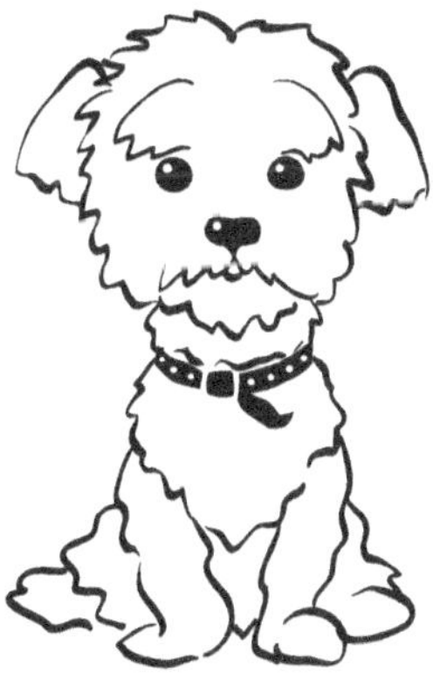

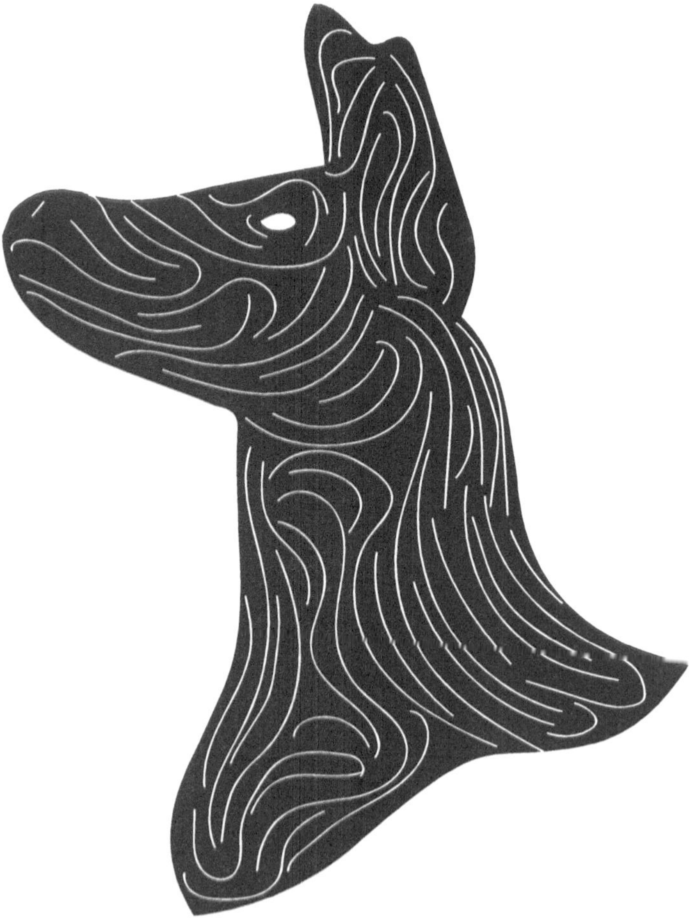

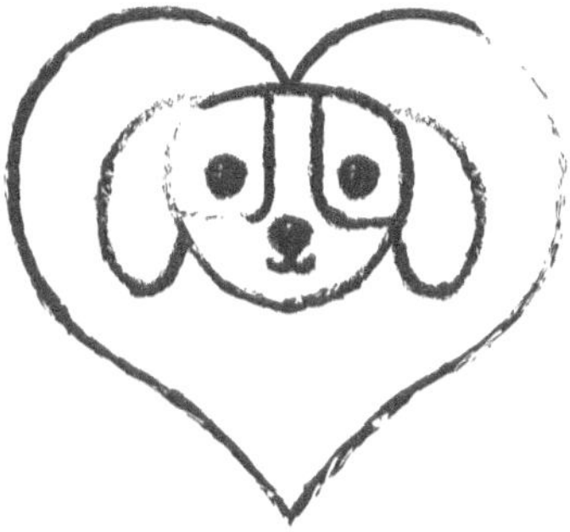

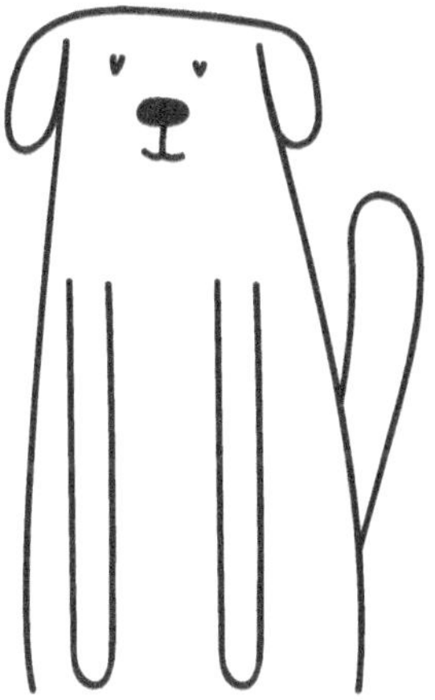

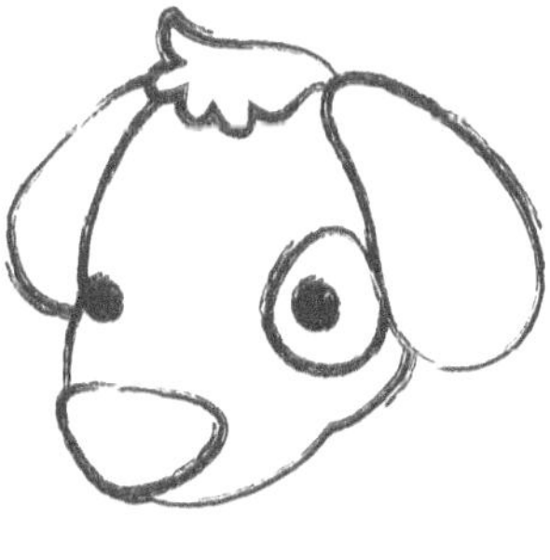

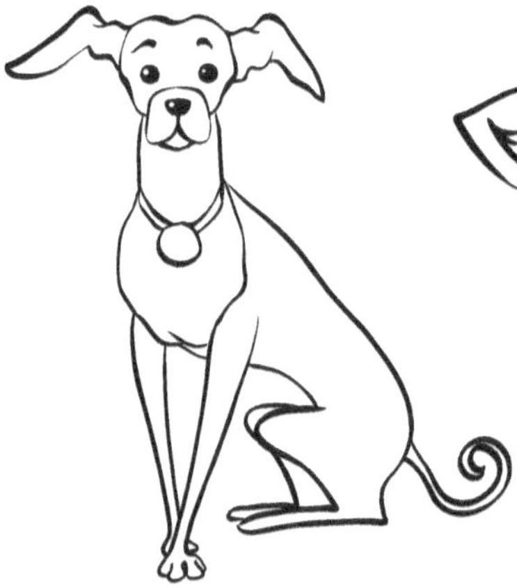

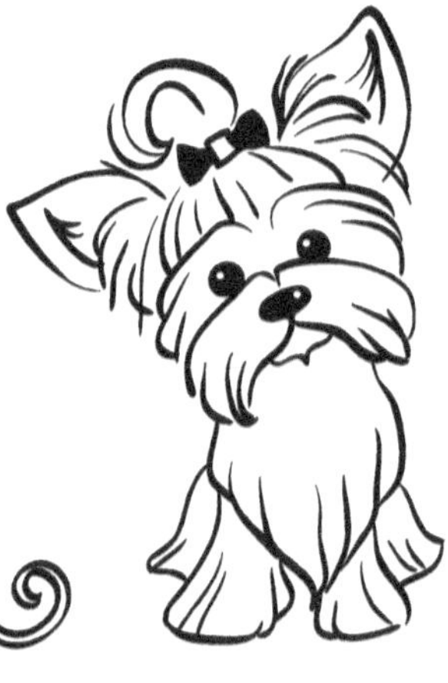

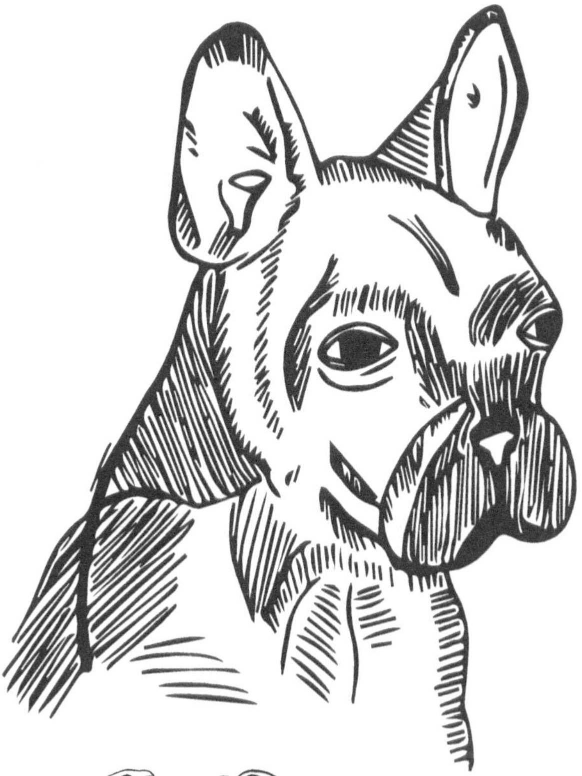

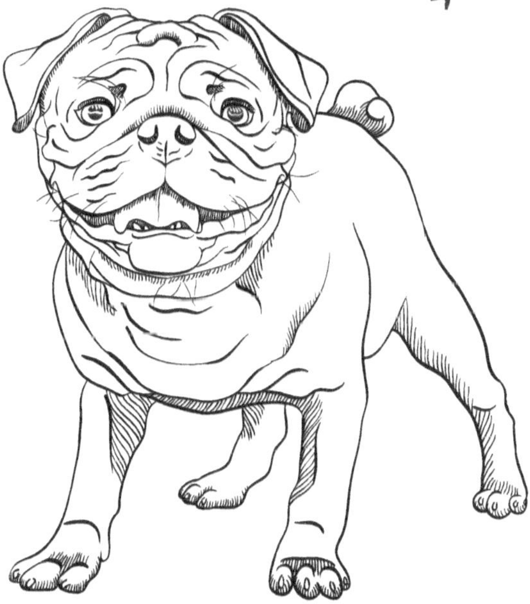

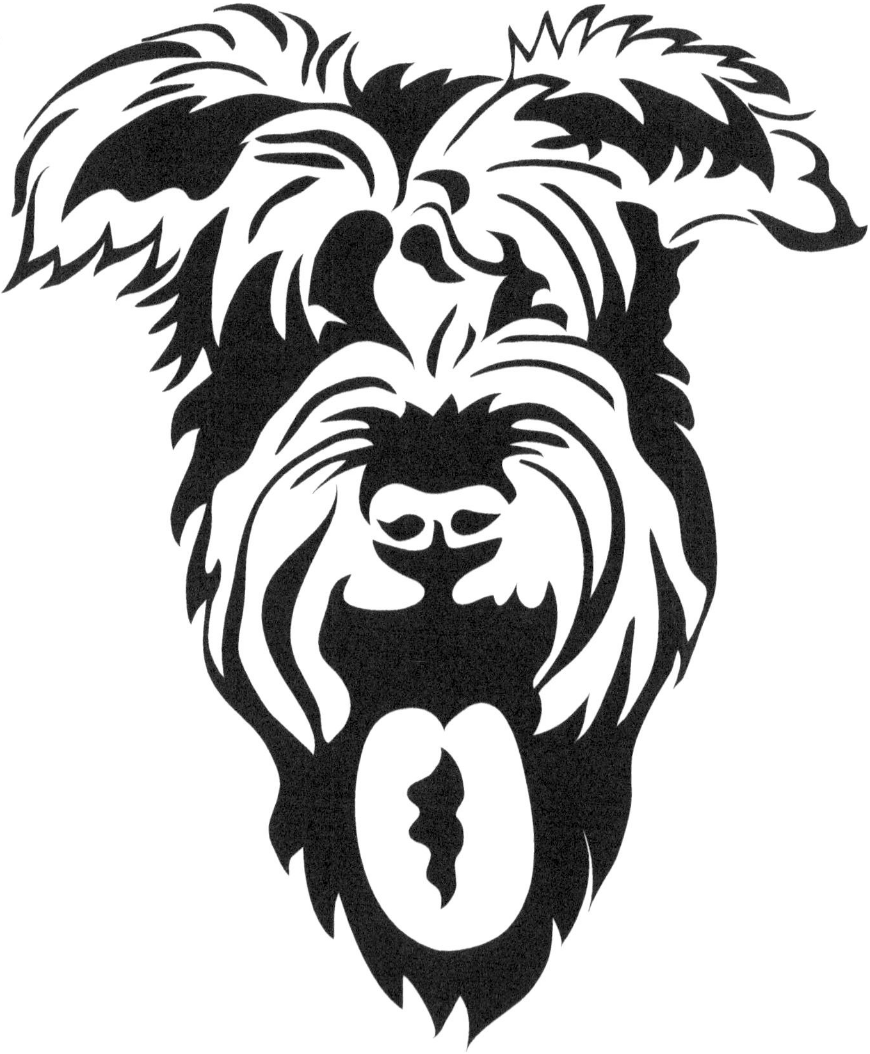

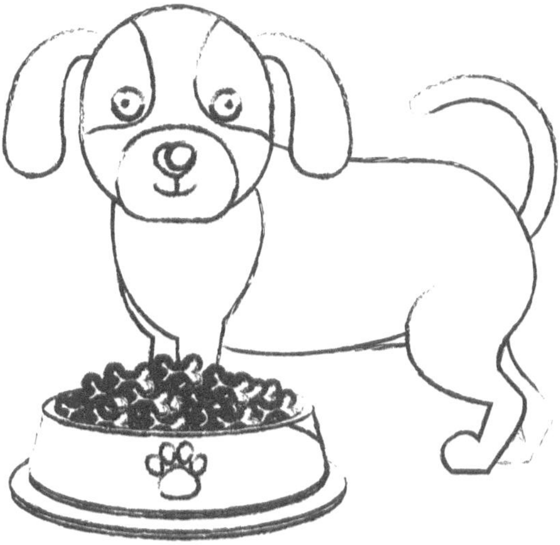

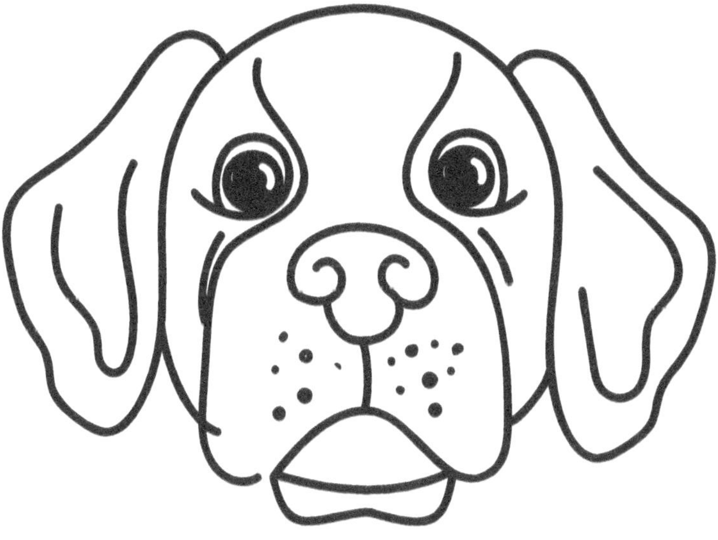

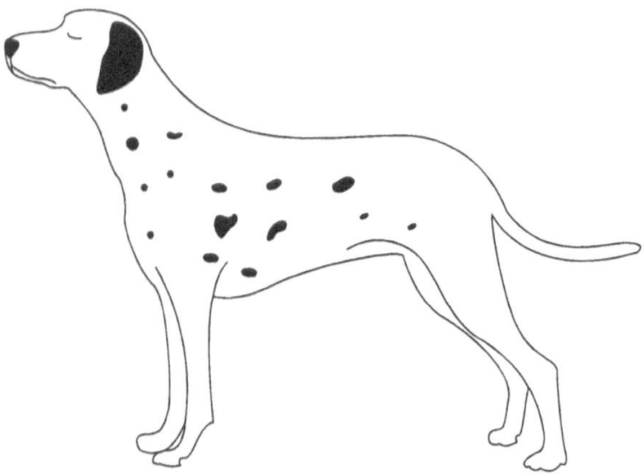

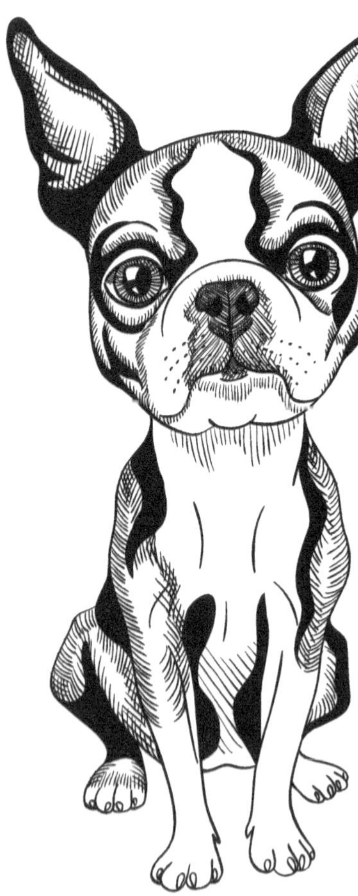

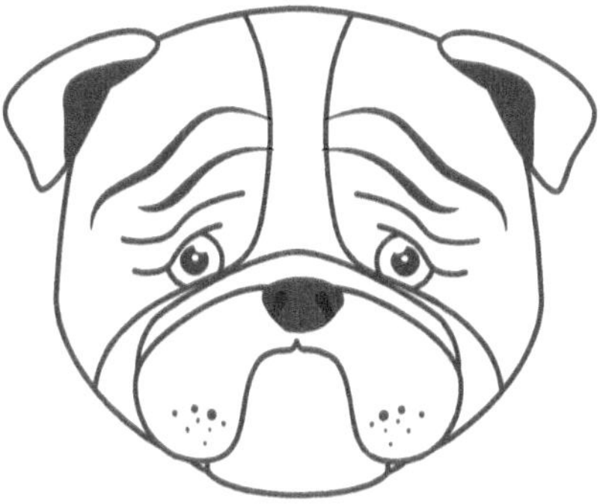

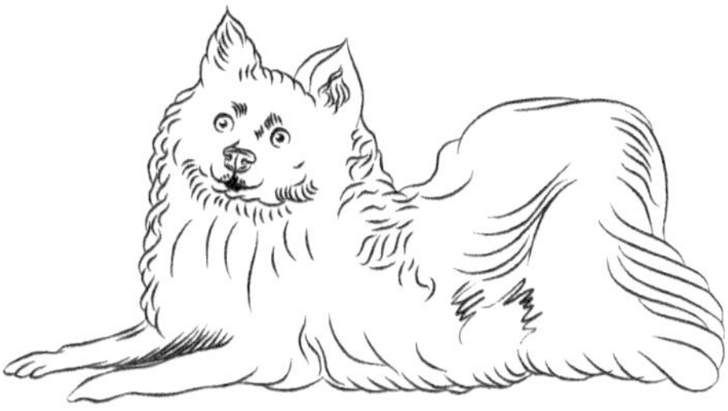

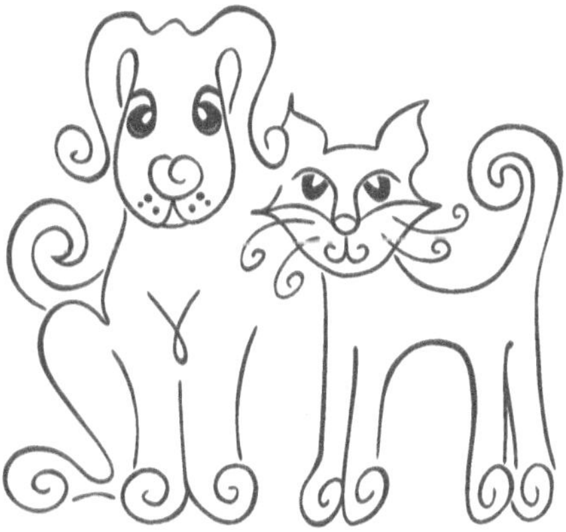

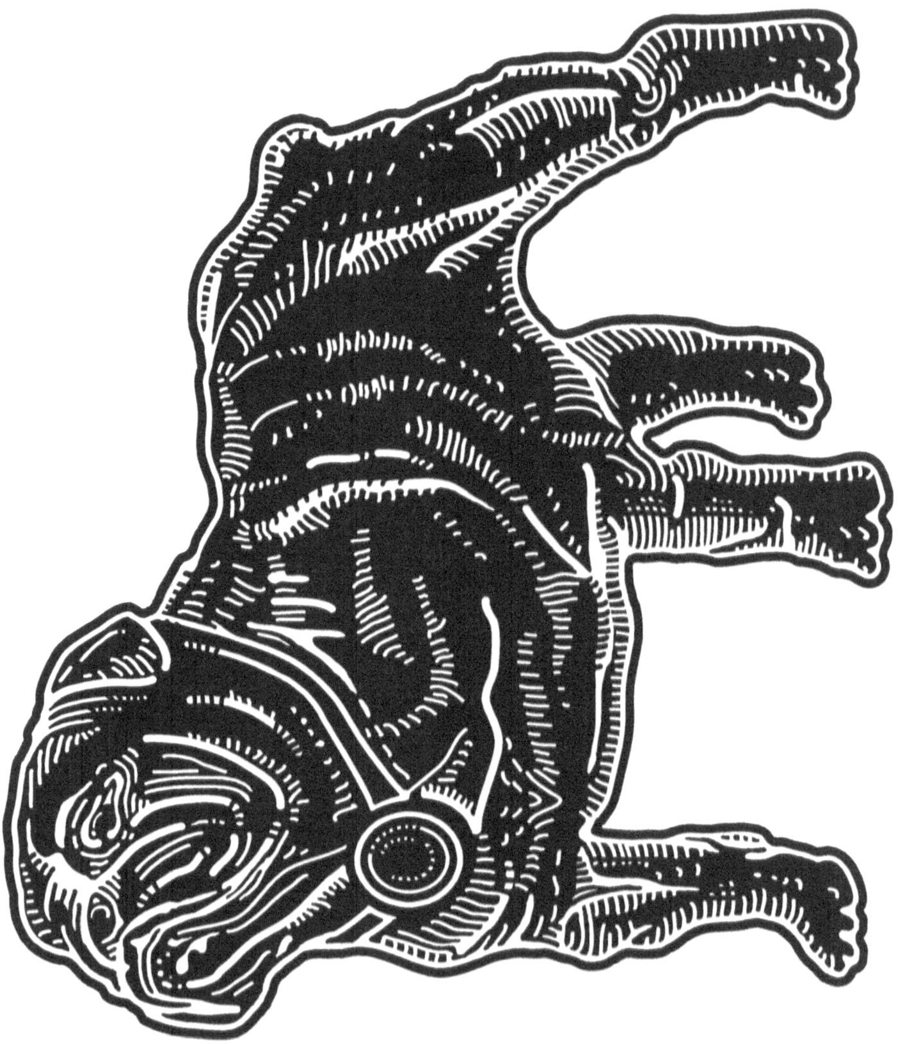

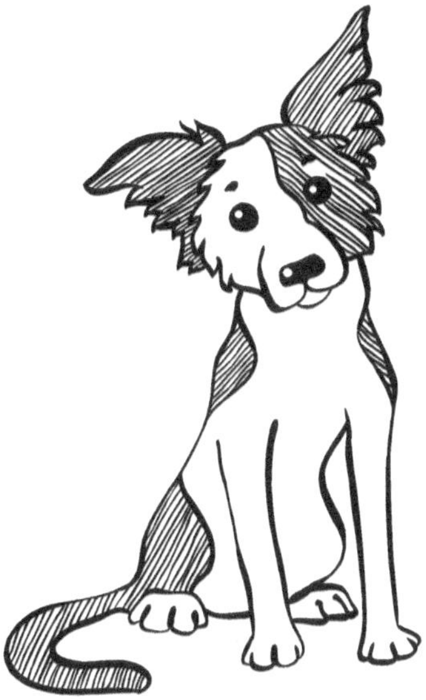

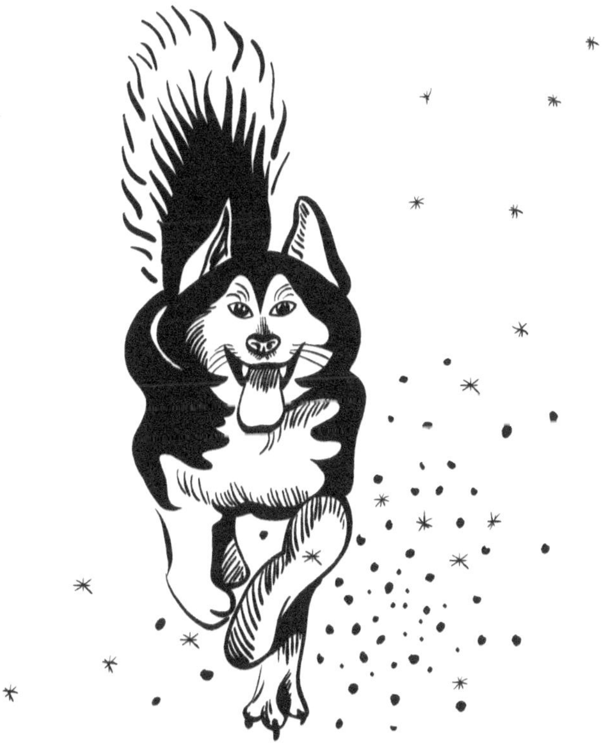

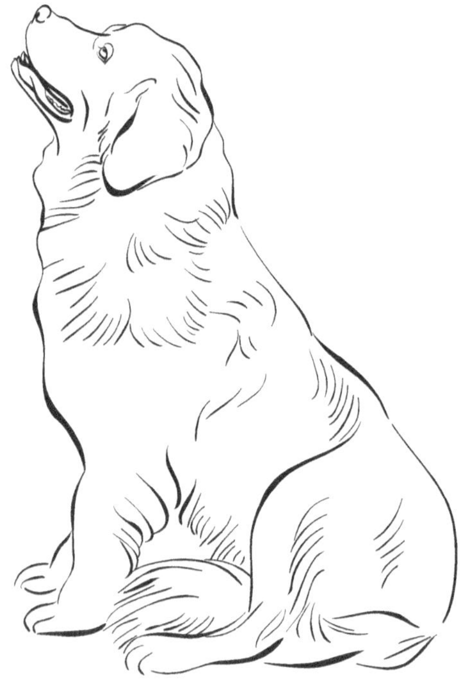

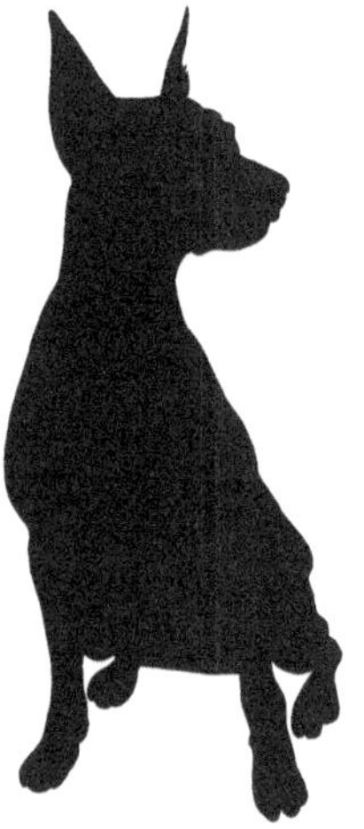

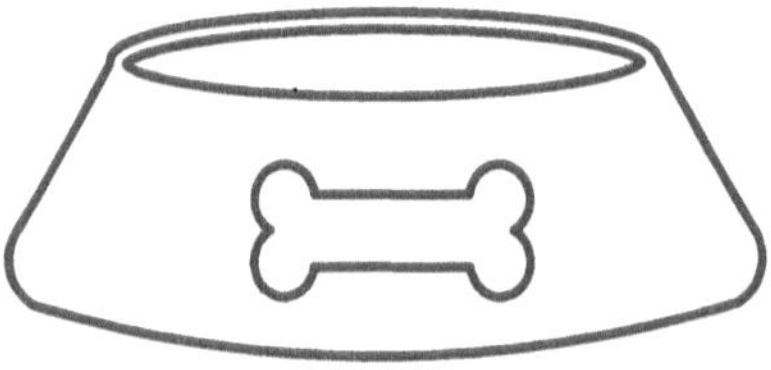

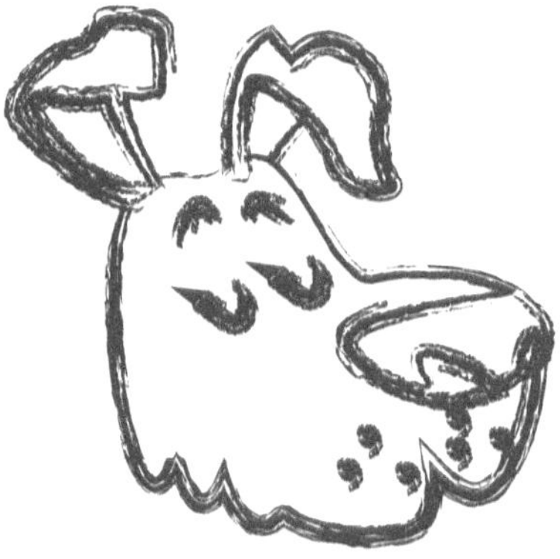

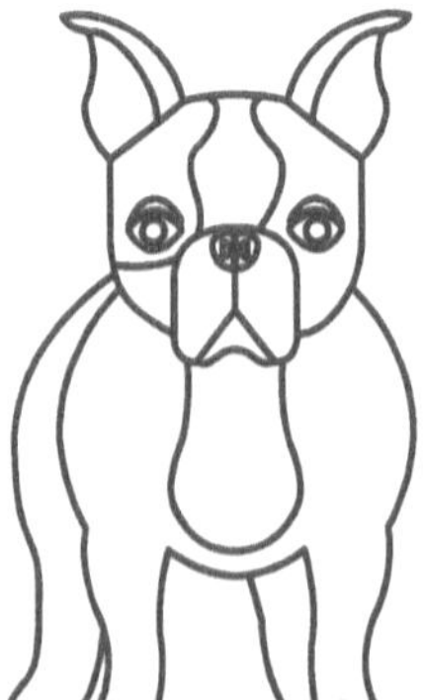

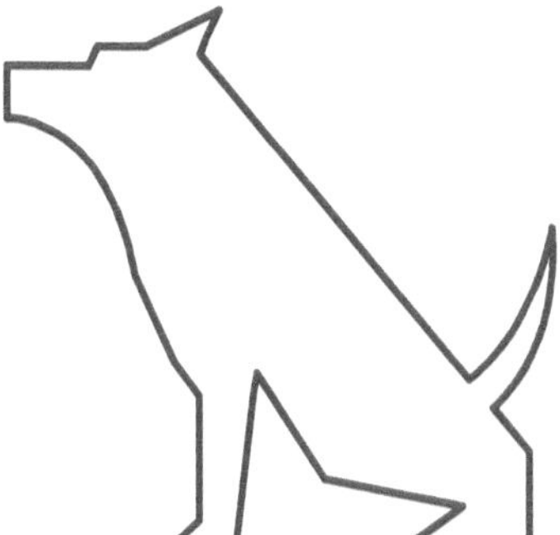

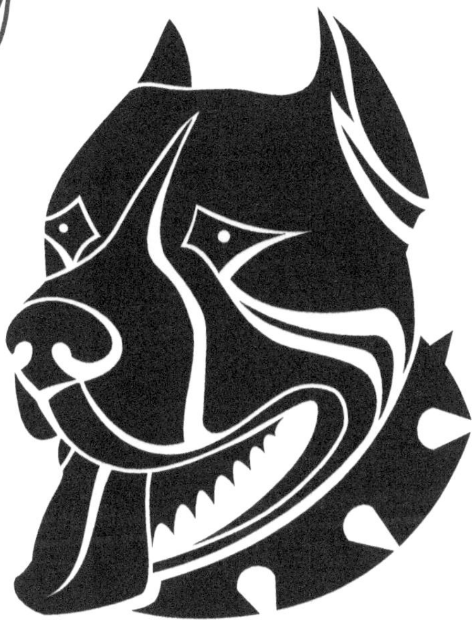

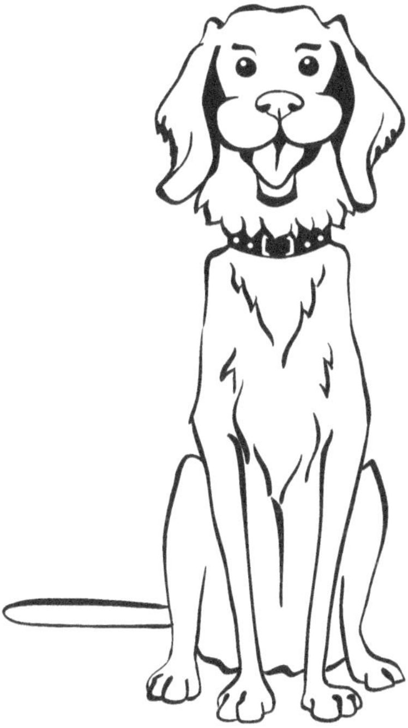

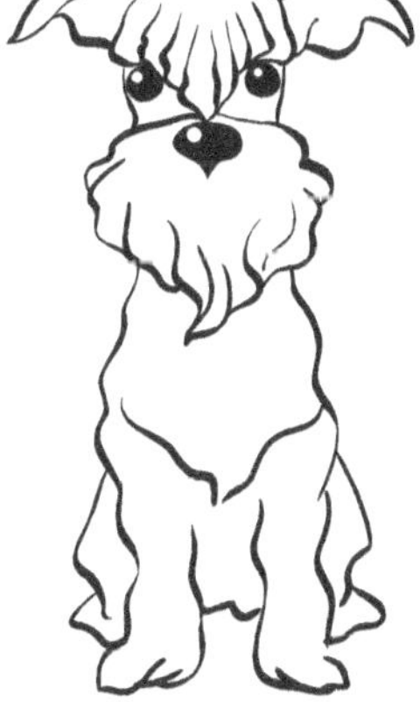

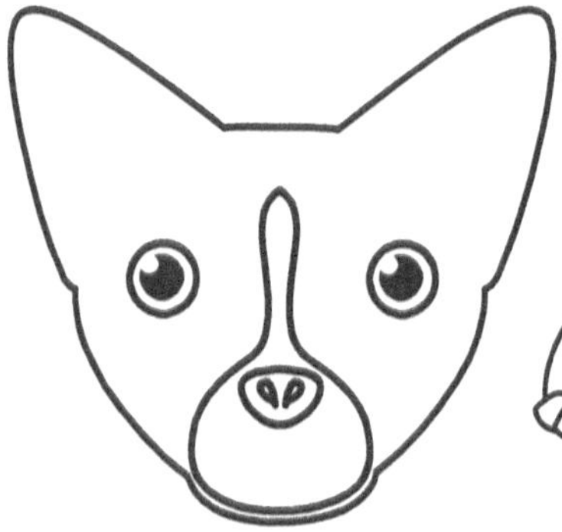

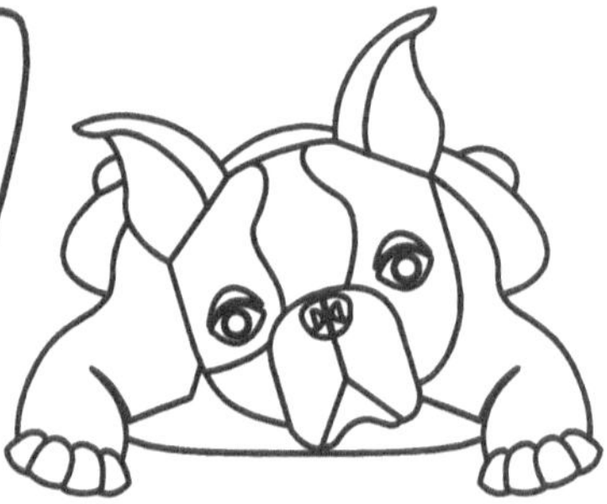

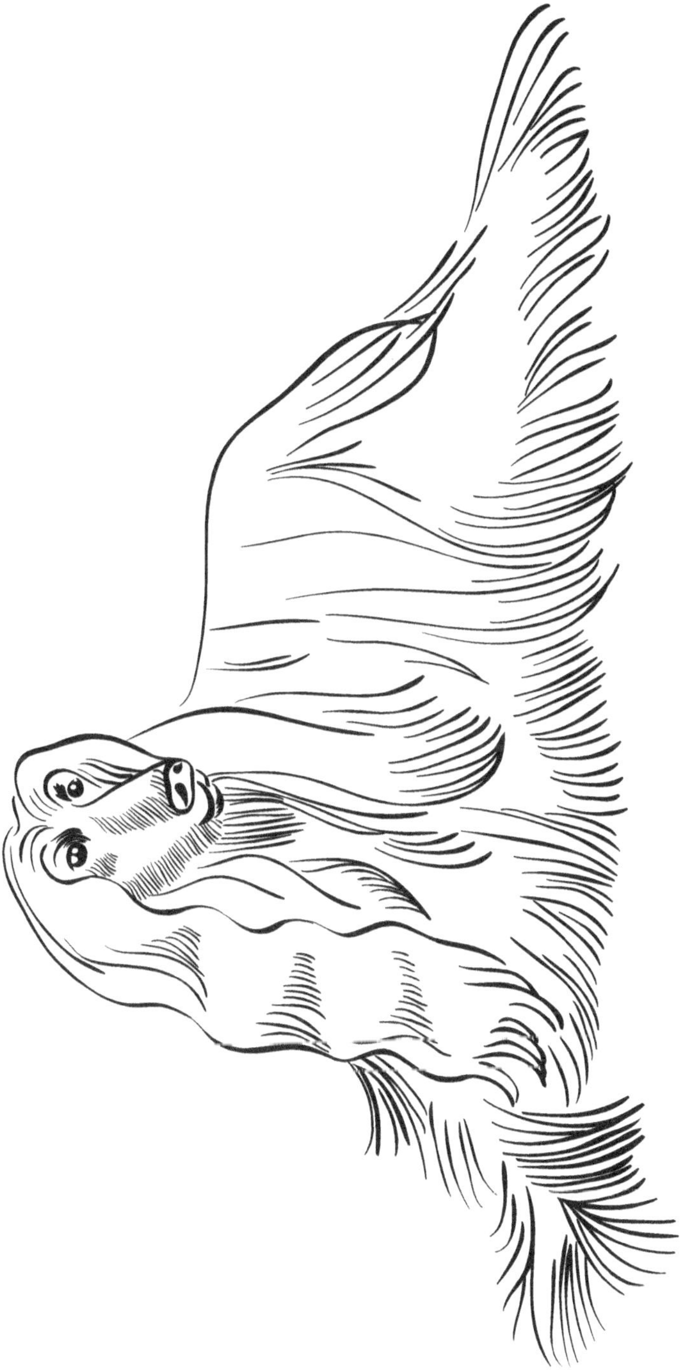

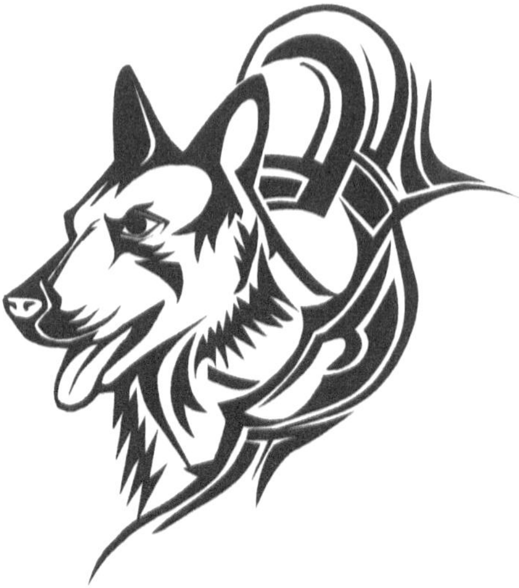

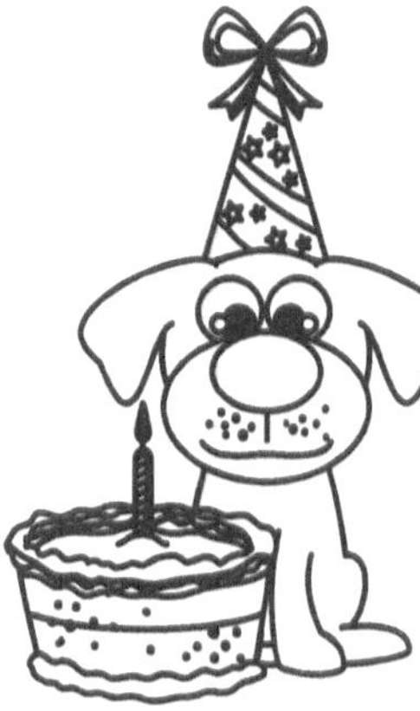

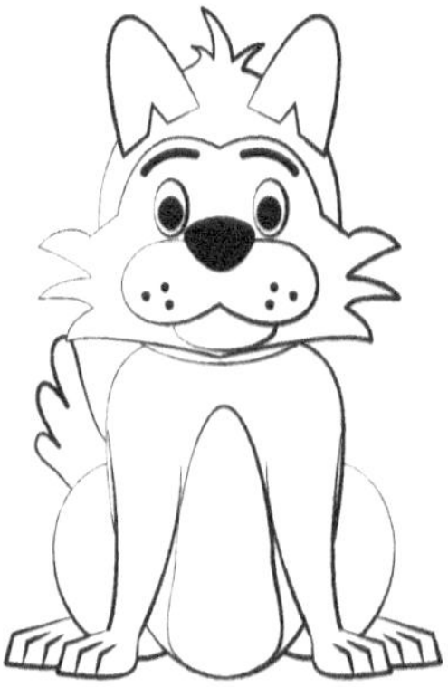

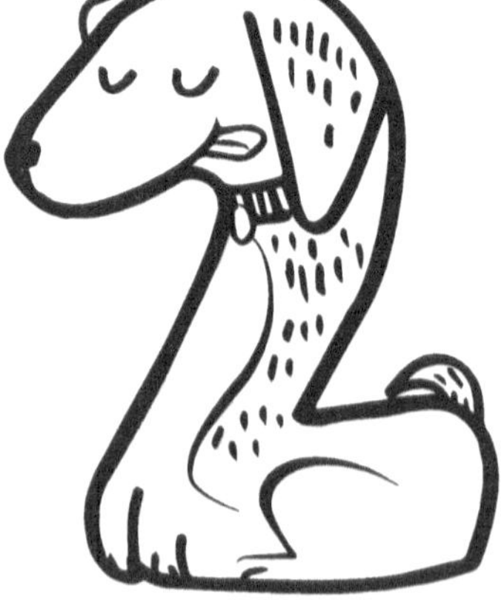

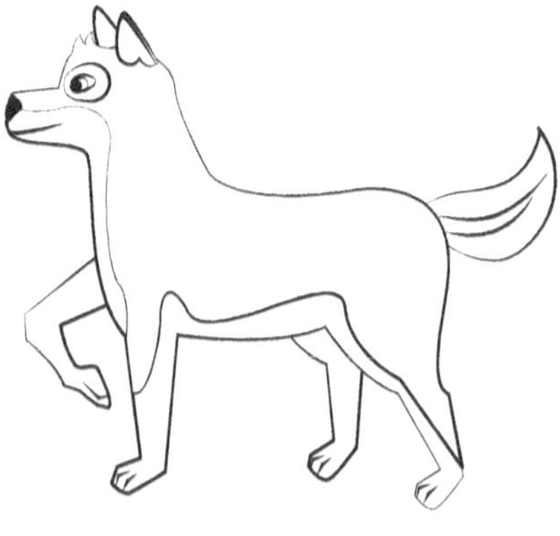

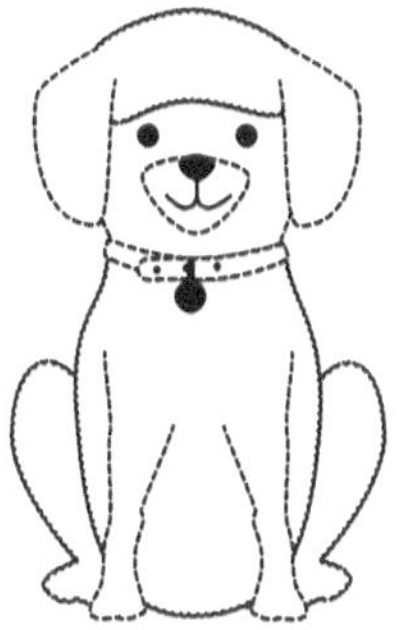

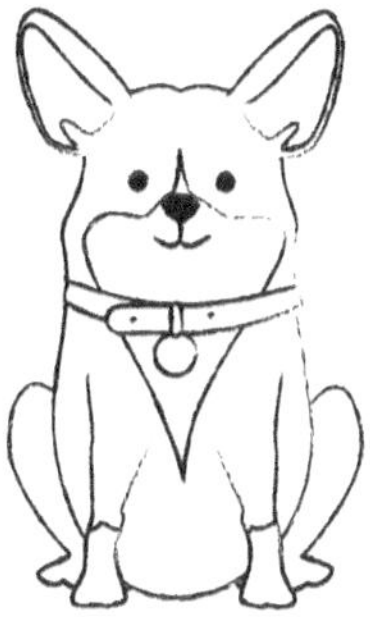

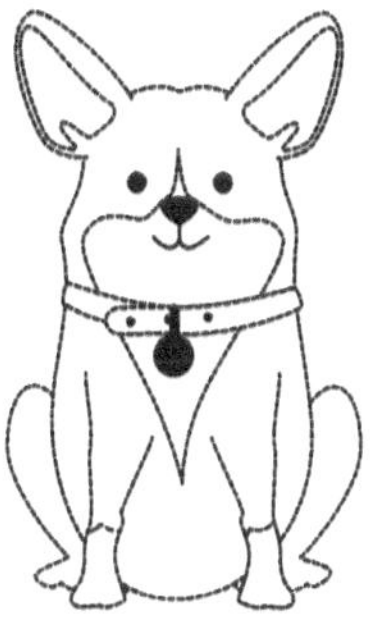

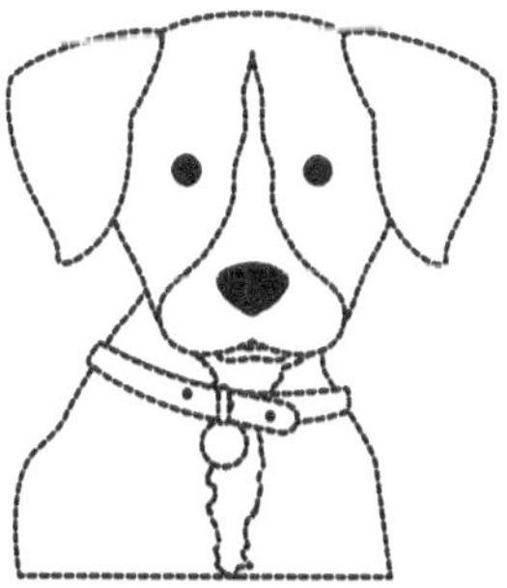

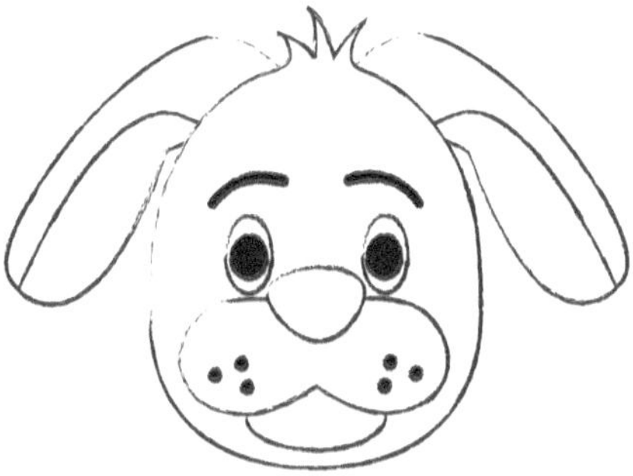

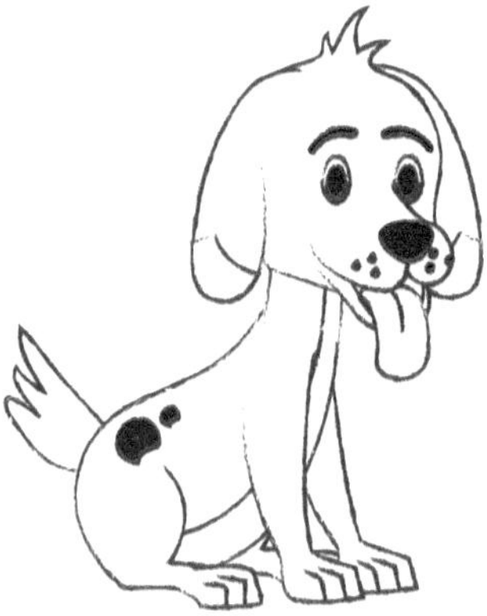

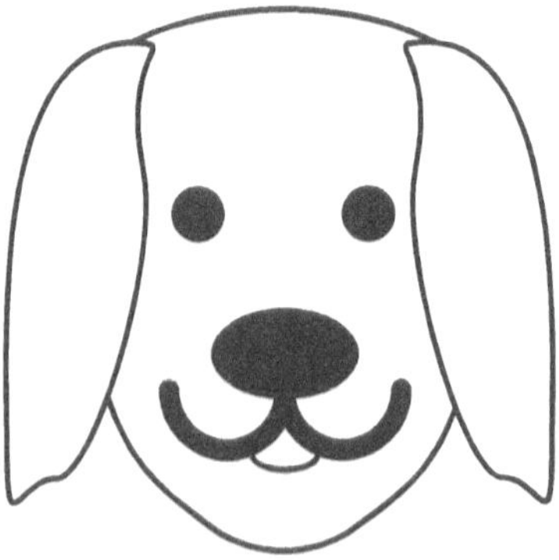

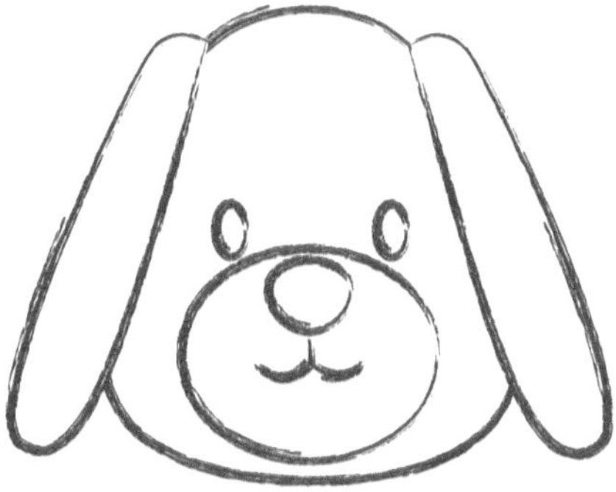

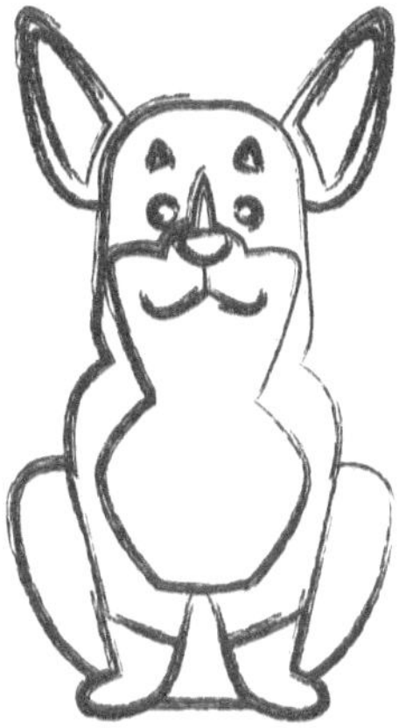

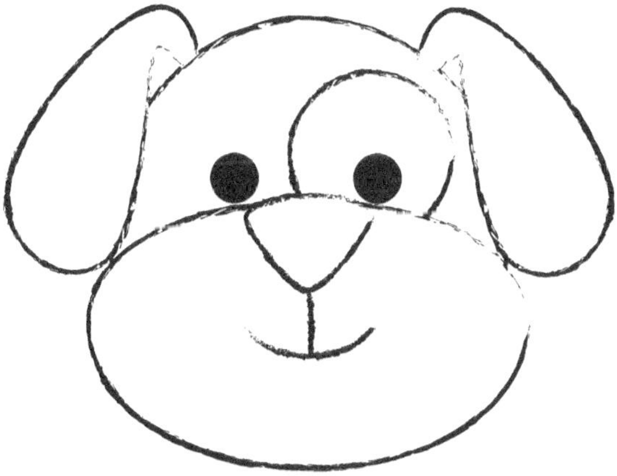

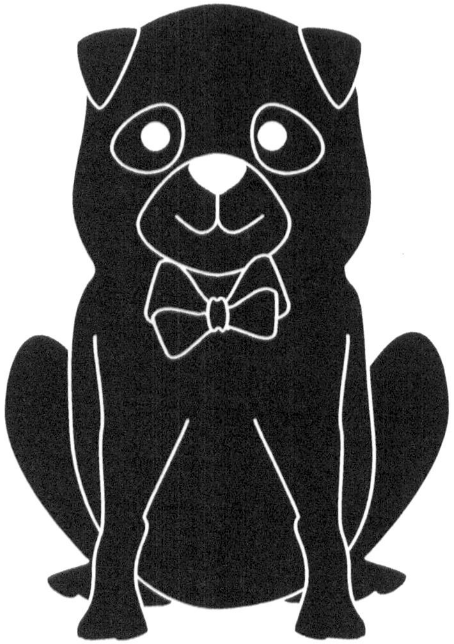

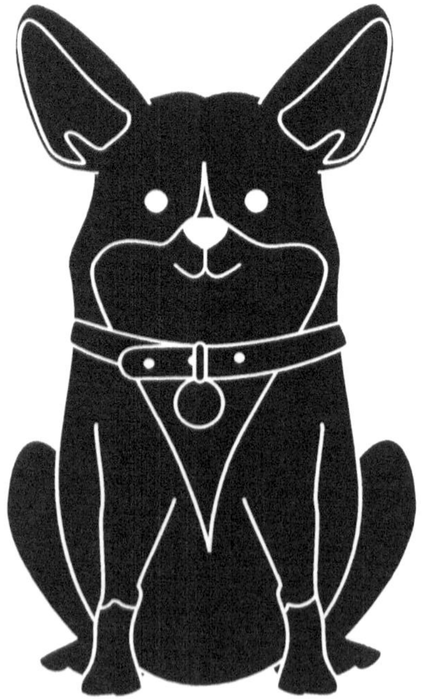

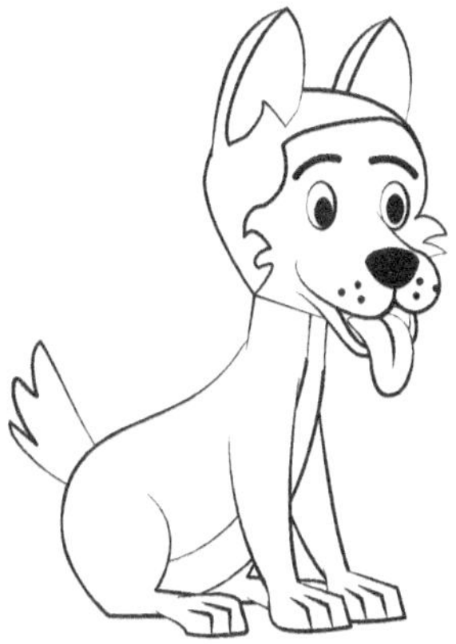

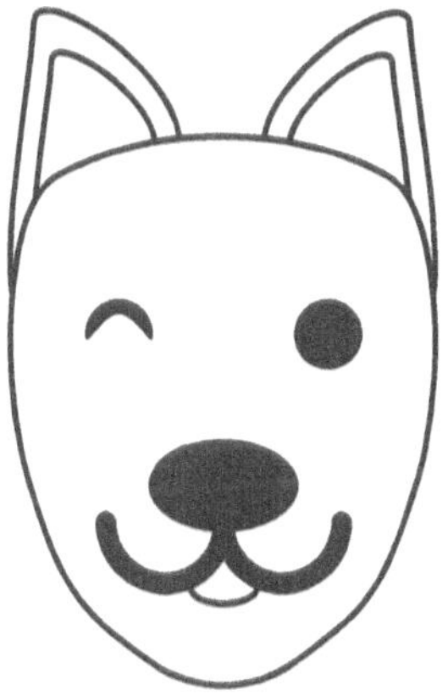

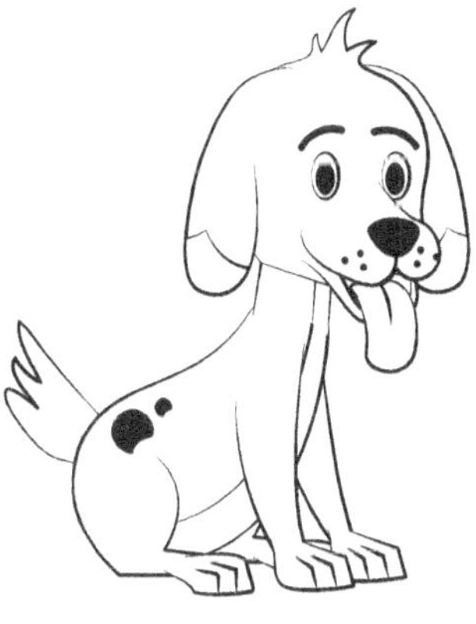

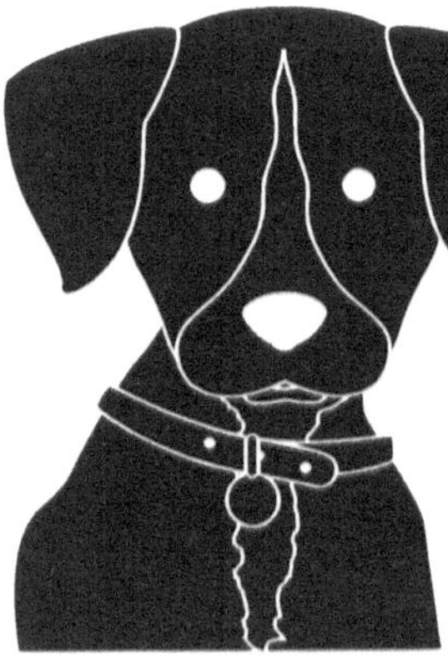

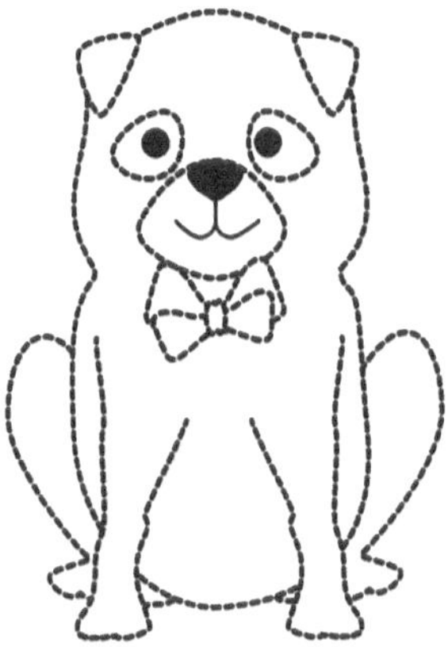

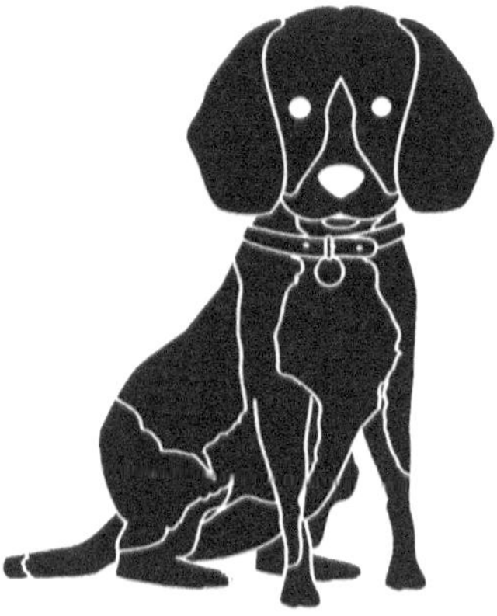

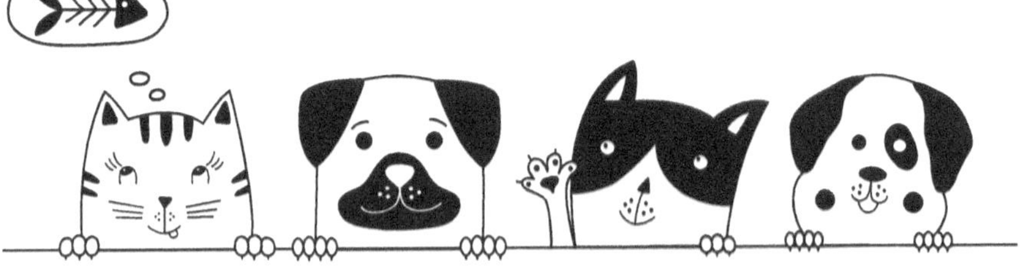

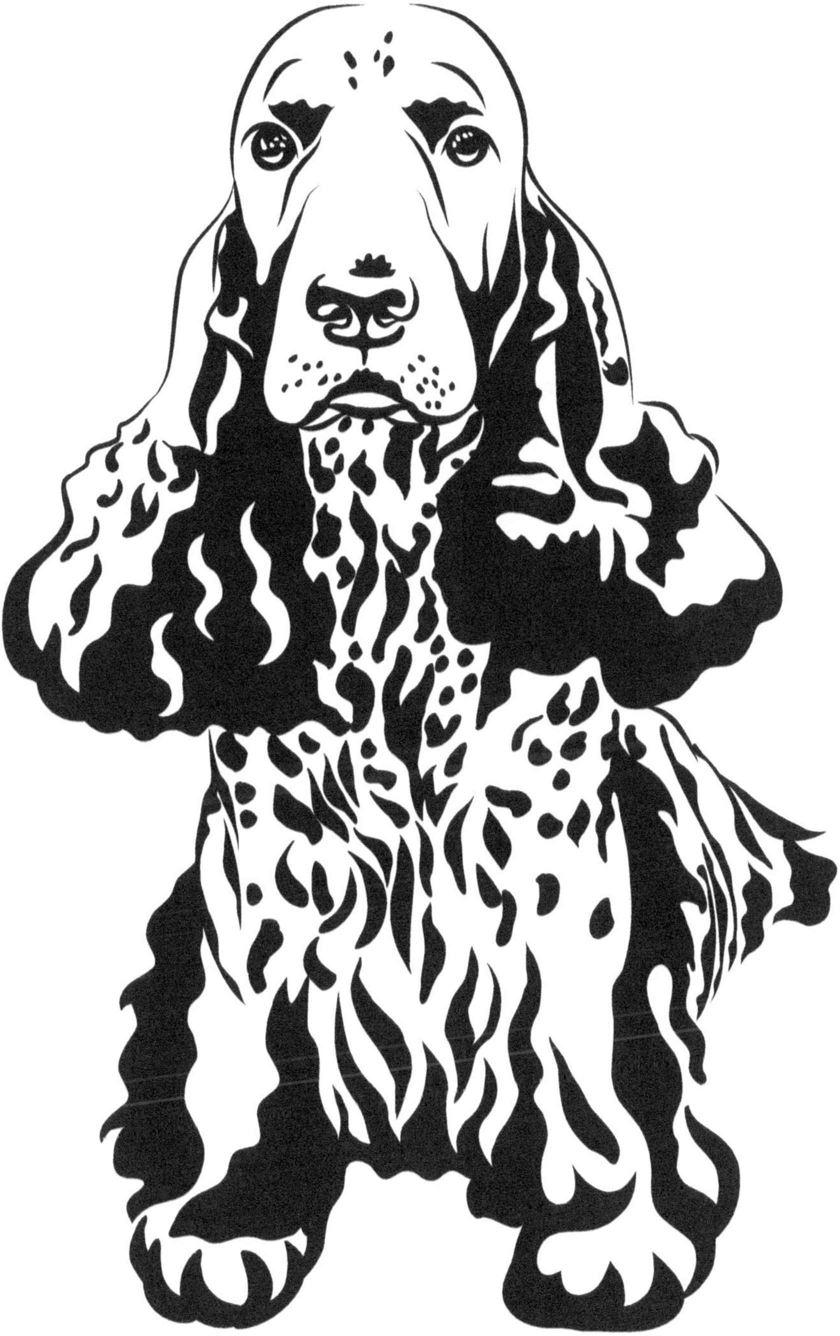

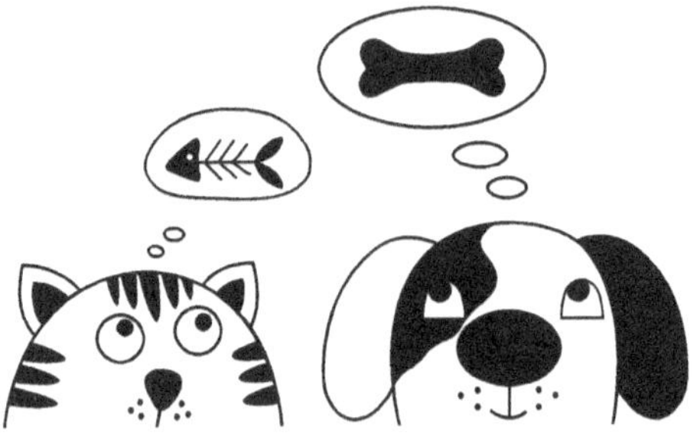

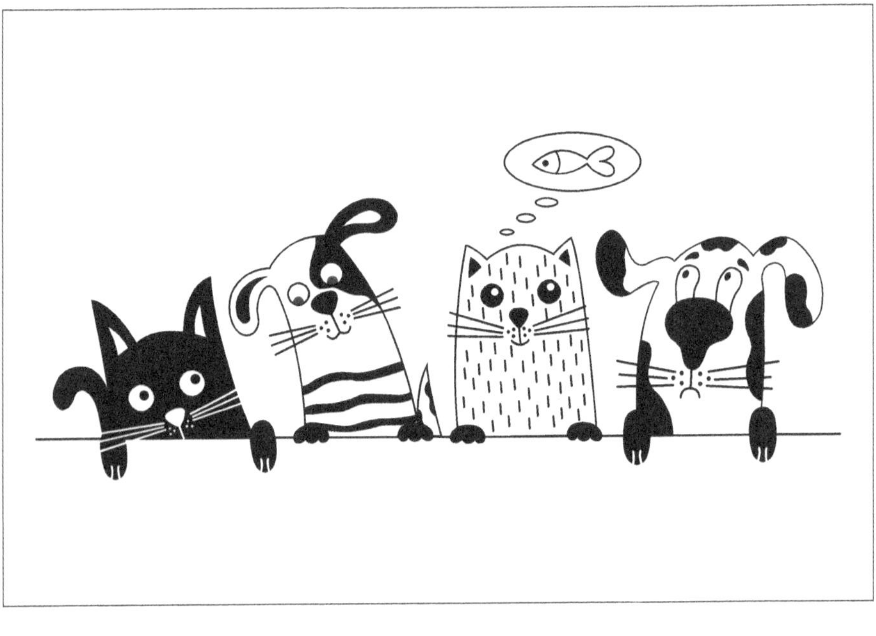

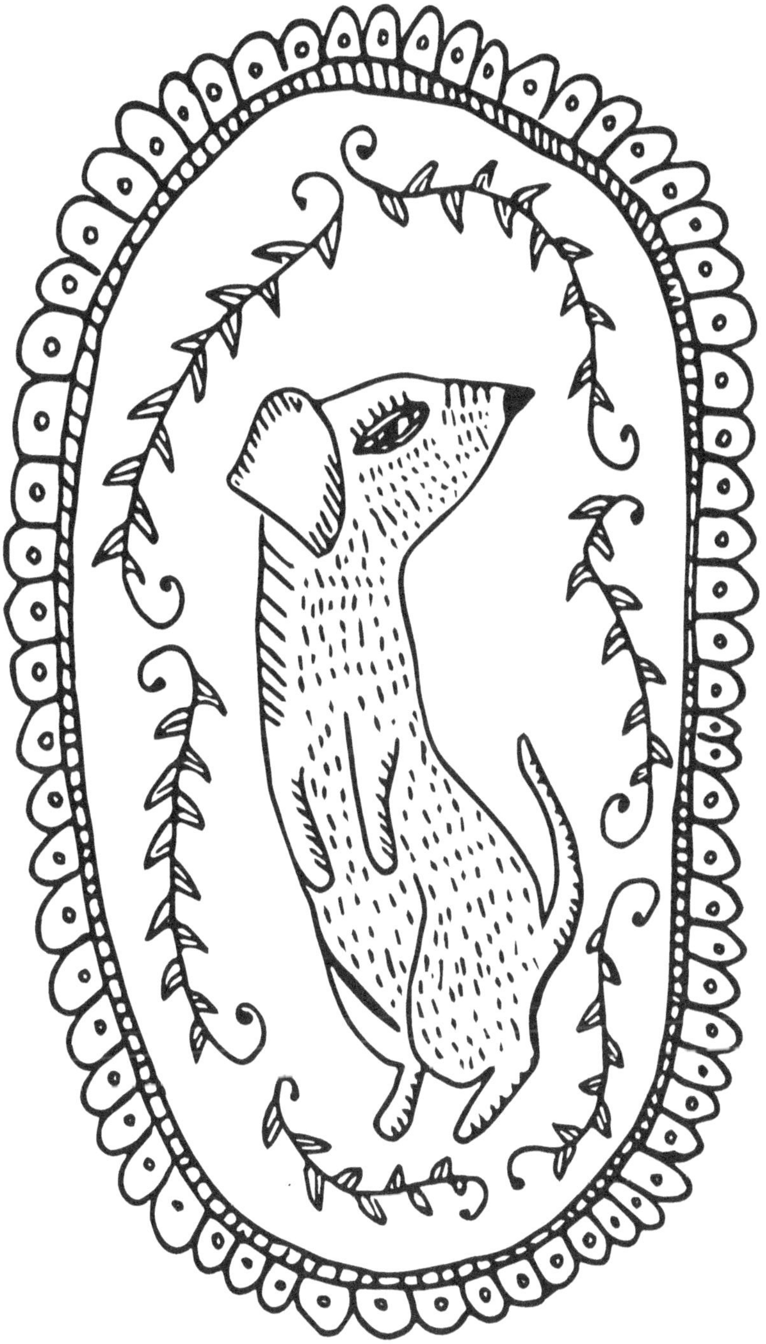

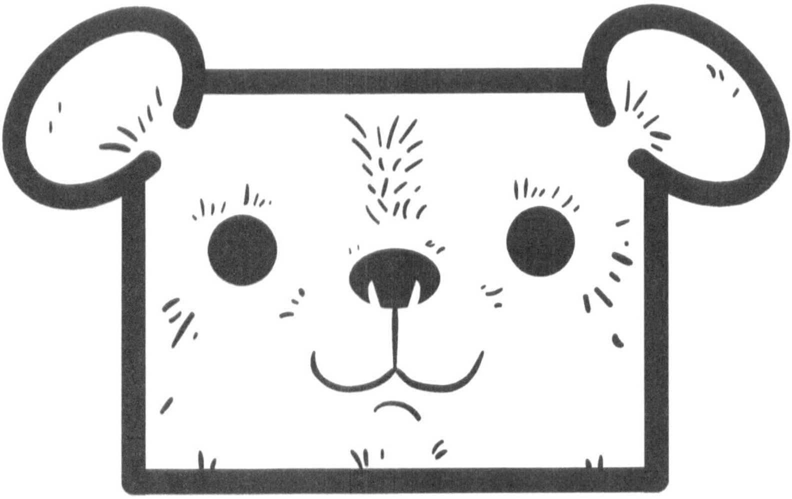

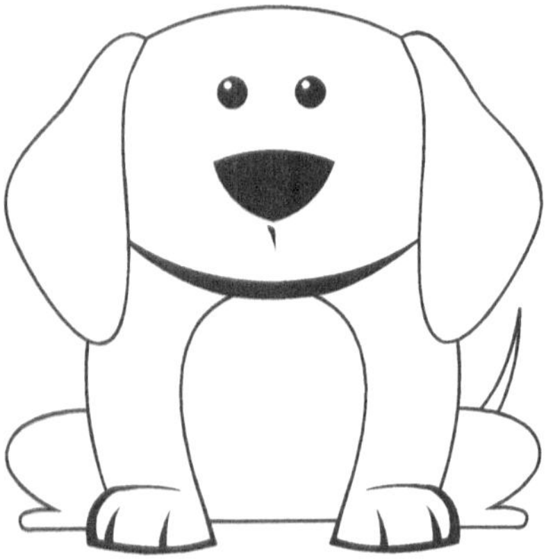

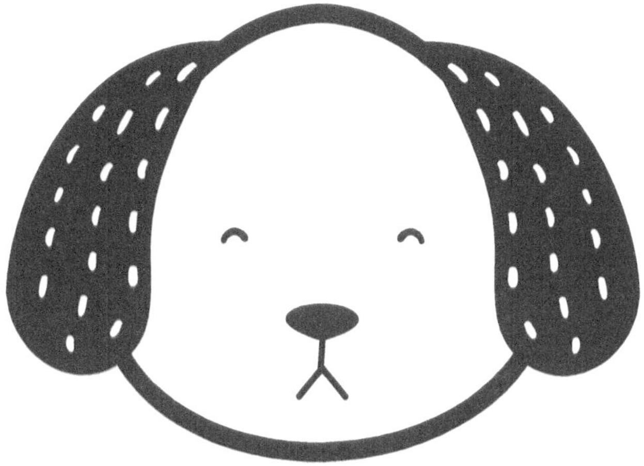

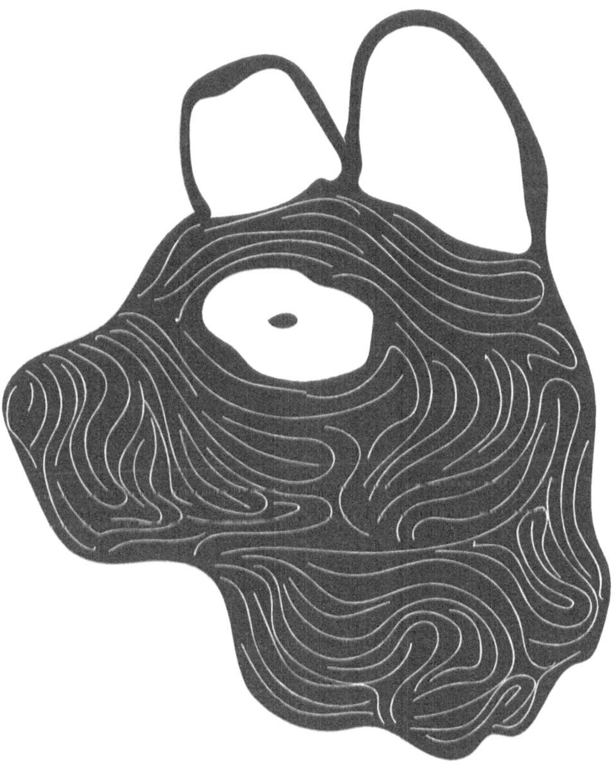

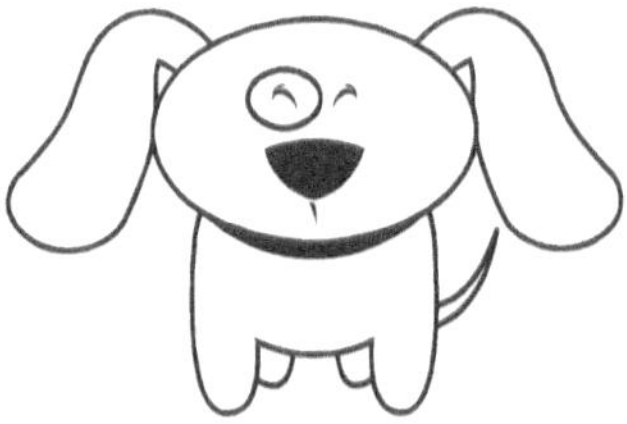

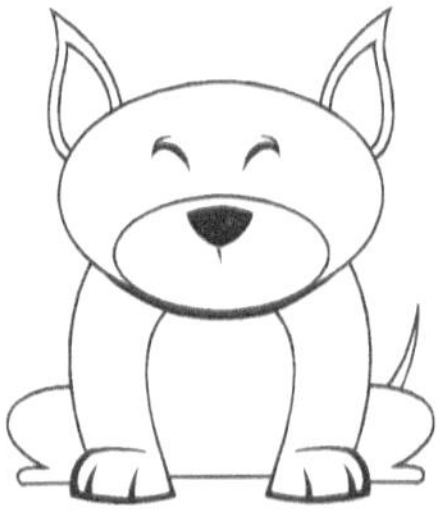

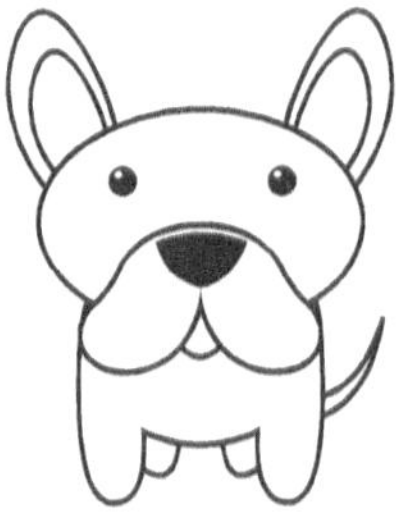

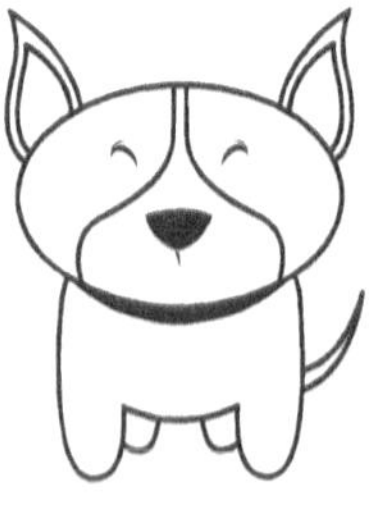

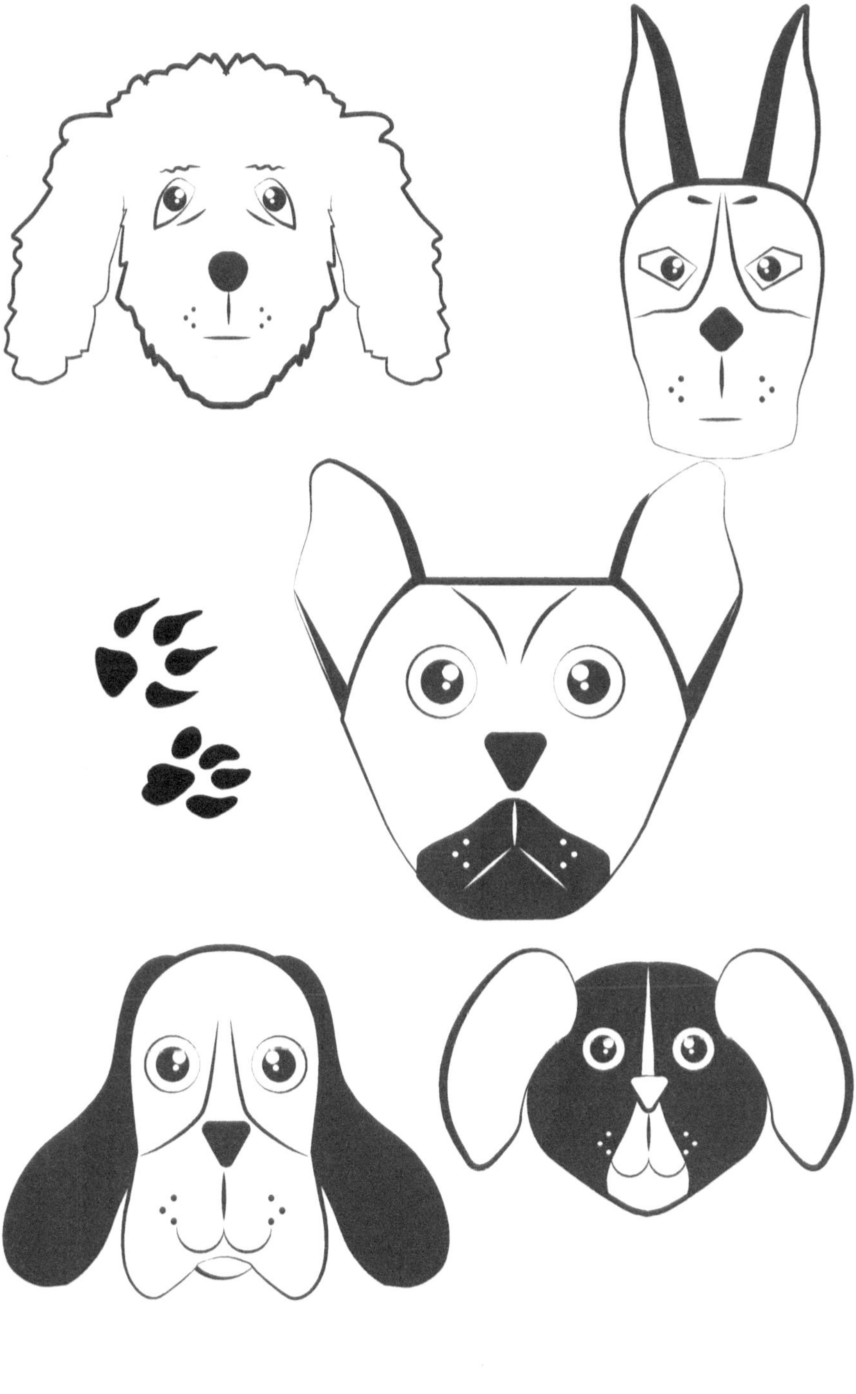

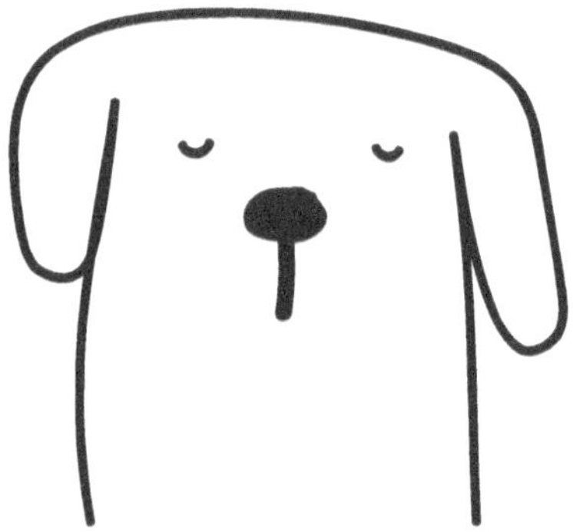

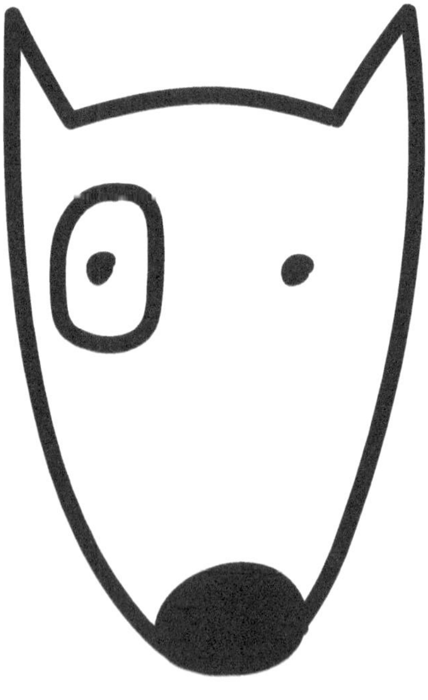

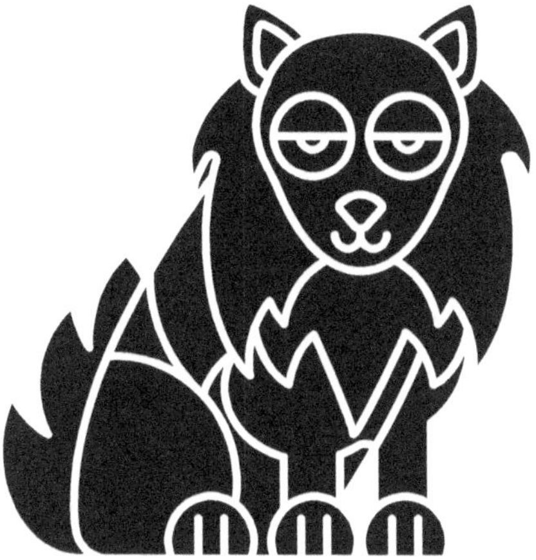

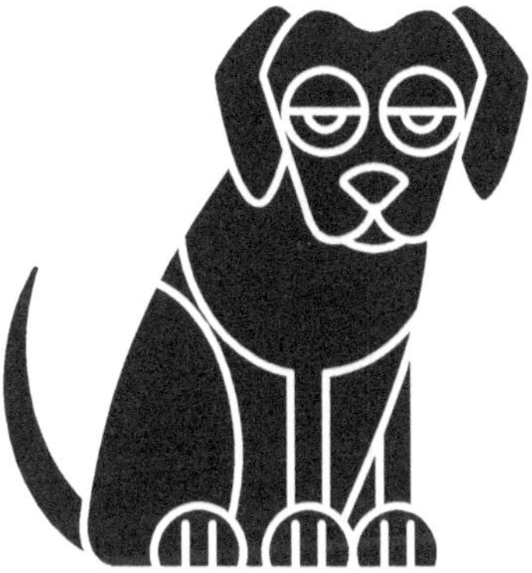

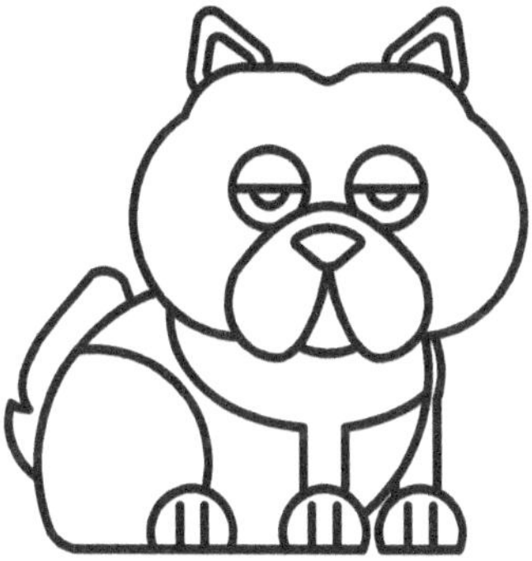

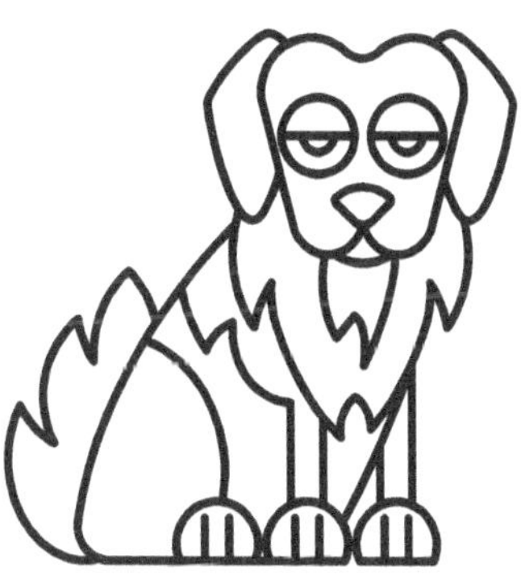

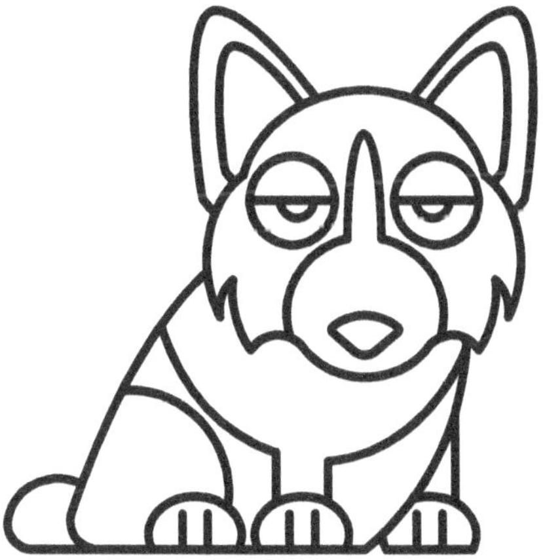

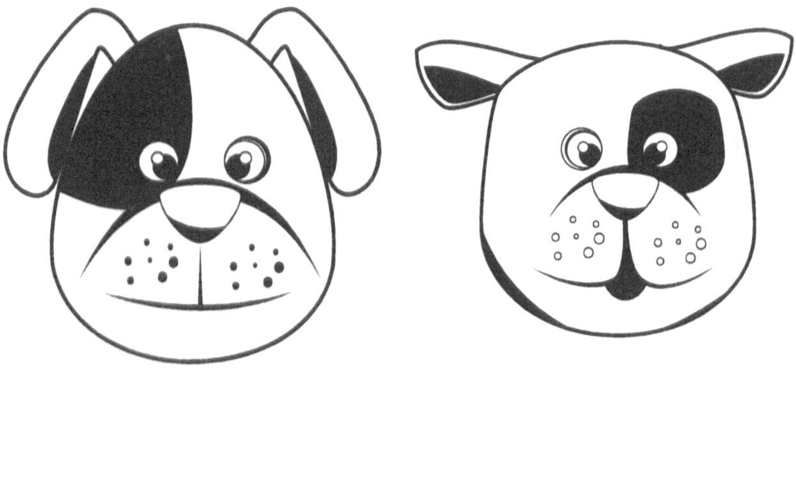

www.ingramcontent.com/pod-product-compliance
Lightning Source LLC
Chambersburg PA
CBHW020614220526
45463CB00006B/2584
* 9 7 9 8 6 5 6 9 1 8 0 9 1 *